Für Eltern, Pädagoginnen und Pädagogen

Das vorliegende Werk besteht aus 10 Kapiteln, die voneinander unabhängig verwendbar sind. Daneben finden die Kinder Lese- und Lerntipps und einen Leseturm zum Bemalen und Sichtbarmachen ihrer geleisteten Arbeiten.

Lesen benötigt Sprachkompetenz und Wortschatz. Ein Übungselement sind Wort-erklärungen in jedem Kapitel, die in der Wortschatzkiste ab Seite 46 erweitert und zusam-mengefasst werden. So können die Kinder auf einfache Weise nochmals ihr Sprachwis-sen trainieren.

Im herausnehmbaren Mittelteil finden sich Lösungsseiten für die Kontrolle des Kindes in Eigenverantwortung, aber auch zur raschen Kontrolle durch Erwachsene.

Das Werk orientiert sich an den Kompetenzen der Bildungsstandards, deshalb finden Sie im Mittelteil eine Auflistung der Standards im Bereich *Lesen – Umgang mit Texten und Medien* sowie in den Fußzeilen jeder Seite eine Zuordnung zu einzelnen Kompetenzen der Bereiche *Hören, Sprechen, miteinander Reden* (HSR) und *Lesen* (L).

Wir wünschen Ihrem Kind/Ihren Schülerinnen und Schülern guten Übungserfolg.

Zeichenerklärung: Achte auf diese Zeichen, du findest sie bei jedem Kapitel!

E Hier findest du Vorschläge, was du jemandem erzählen könntest: Witze, Scherzfragen und auch Angebote für Minireferate. Wie du diese gut vorbe-reiten kannst, erfährst du auf Seite 5.

R Sogar beim Rechnen ist Lesen sehr wichtig. Hier übst du, Rechengeschichten besser zu verstehen.

A Achtung! Nimm den Text unter die Lupe! In diesen Texten sollst du das Wort herausfinden, das den Sinn des Textes stört.

L Dieses Zeichen findest du bei Texten, die dir sachliche Informationen anbieten. Mach dich auch in eigenen Büchern, in der Bücherei oder im Internet schlau! Zahlreiche Kinder-Suchmaschinen wie zum Beispiel www.blindekuh.at helfen dir weiter.

W Über Wörter nachzudenken kann spannend sein. Hier erfährst du etwas über die Bedeutung und Herkunft von Wörtern. Wort-erklärungen findest du auch in Lexika und Wörterbüchern. Erforsche Wörter mit Hilfe deiner Wortschatzkiste auf den Seiten 46-48!

Inhalt

In der Mitte des Heftes befindet sich ein 16-seitiges herausnehmbares **Lösungsheft** mit Tipps zum besseren Lesen und Hinweisen zu den Bildungsstandards.

Lesetipps für dich

Schau dir das Inhaltsverzeichnis an!

Welche Überschrift springt dir ins Auge?

Worüber möchtest du etwas lesen?

Was interessiert dich daran?

Ein Brief an dich

Liebe Lena, lieber Mehmet, oder wie du auch heißen magst …

Dieses Buch kann dir helfen, ein Leseprofi zu werden.
„Übung macht den Meister", heißt ein altes Sprichwort.
Das kennst du vom Fußballspielen und anderen Sport-
arten, vom Musizieren und vielleicht sogar vom Einmal-
einstraining. Beim Lesen ist es auch so. Lesen lernst du
durch Lesen. Es gibt aber auch da Aufwärmübungen und
Trainingseinheiten.

Unsere 10 Kapitel ▸ machen Spaß

▸ unterstützen dich beim Trainieren

▸ bringen Erfolg

▸ machen dich zum Lesestar

▸ Wenn du Wörter schnell lesen möchtest, musst du sie vorher oft und
immer wieder abspeichern.

▸ Wörter, die du gut gespeichert hast, kannst du dann sogar an wenigen
Merkmalen erkennen.

▸ Wenn du lange Wörter trainierst, lernst du immer besser,
die richtigen Teile zusammen zu lesen.

> Klassen konferenz   Klassenkonferenz

> Indianer lexikon   Indianerlexikon

▸ Wörter bestehen aus Wortteilen, die man Silben nennt.
Das Lesen in Silben – wir nennen das „Robotersprache" –
hilft dir, Wörter ganz genau und richtig zu lesen.

Ga la xie   Galaxie   Sa tel lit   Satellit

Wir wünschen dir viel Spaß und Erfolg mit unserem Buch!

Deine Lesetrainerinnen

Gabi Herland   Maria Rögner

Klettern – Lesen – Turmbesteigen

Wähle einen Text zum Trainieren!
Wenn du eine dieser vier Übungen mit diesem
Text gemacht hast, darfst du einen Bogen im
Turm anmalen.

1. Wörterspringen

Nimm eine Spielfigur und spring damit von
einem langen Wort zu einem kurzen Wort
und dann wieder zu einem langen Wort usw.
Mache die Übung mehrmals und lies die
Wörter laut!

2. Merken und Nachsprechen

Suche dir zwei Trainingssätze aus und lies sie
so oft, bis du sie aus dem Gedächtnis laut
nachsprechen kannst!

3. Robotersprache

Lies zwei Sätze in der Robotersprache!
Du musst bei jeder Silbe eine kleine Sprech-
pause machen.

Mit diesen Schuhen konnten sich die
Indianer auf der Jagd gut fortbewegen.
Ihre Schritte waren lautlos.

4. Geschichten erzählen

Wähle eine Geschichte mit Bild und betrachte
es.
▶ Überlege: Worum könnte es in diesem Text
   gehen? Lies dann und überprüfe deine
   Vermutung!
▶ Du hast den Text nun gelesen: Decke ihn ab und erzähle die Geschichte! Das
   Bild hilft dir dabei. Wenn du willst, darfst du auch neue Sachen dazuerfinden.

So kannst du gut vortragen

Minireferat:

Ein **Minireferat** ist ein kurzer Vortrag zu einem Thema.

So kannst du dich darauf vorbereiten:

Stelle dir selbst Fragen und sammle Wissen:

Was will ich wissen? – Zu den eigenen Fragen weitersammeln:

Informationen aus Sachbüchern, Lexika, Internet, Kinderzeitschriften …

Wähle das Wissen für den Vortrag aus und notiere Informationen:

INFOS SEITE 5

Immer, wenn du dieses Zeichen siehst, sollst du hier nachlesen!

▶ im Text unterstreichen

▶ Wörter/Sätze aufschreiben und auf ein großes Plakat legen (später aufkleben)

▶ Bilder dazu sammeln (Fotos, Internet, Kopien)

▶ eventuell auch Gegenstände dazu sammeln

Vortrag planen und gestalten:

▶ Reihenfolge der Sätze: Was sage ich der Reihe nach?

▶ Sätze laut vorsprechen

▶ Begrüßungs- und Einleitungssatz überlegen, z. B.: „Ich möchte heute über Burgen sprechen. Zum Schluss dürft ihr Fragen stellen. Ich habe auch noch ein Quiz vorbereitet."

▶ Quiz oder Rätselfragen überlegen, um das Publikum zum Zuhören anzuregen.

▶ Vortragssprache: Langsam, laut und dem Publikum zugewandt.

▶ Wenn ihr ein Referat zu zweit macht, müsst ihr vorher einteilen, wer was sagt.

Gedichtvortrag:

So bereitest du dich zu Hause vor:

▶ Überlege dir, welche Wörter du betonen möchtest und übe das Gedicht vor dem Spiegel!

▶ Achte auf eine klare und deutliche Aussprache!

So gelingt dein Vortrag vor der Klasse:

▶ Stell dich vor das Publikum! Schau es an! Ziehe die Aufmerksamkeit auf dich!

▶ Achte auf eine aufrechte Körperhaltung und stimme dich selbst auf das Gedicht ein, bevor du anfängst!

▶ Genieße am Schluss den Applaus des Publikums!

Klassenkonferenz

In Martins Klasse gibt es jeden Freitag eine Klassenkonferenz. In der letzten Stunde setzen sich alle Kinder in die Gesprächsecke. In dieser Woche leitet Anja die Konferenz. Sie hat Kärtchen vorbereitet, die sie nun auf den Boden legt.

Wünsche für die nächste Zeit

Das hat viele gestört.

Das war gut.

Jedes Kind erhält einen Muggelstein und überlegt, auf welches Kärtchen es ihn legen möchte. Diese Woche gab es einen Streit zwischen Habibe und Lisa. Zum Glück vertragen sich die beiden wieder. Selim fand die Experimente toll. Die meisten Kinder überlegen nicht lange, für welches Thema sie sich entscheiden. Schon bald kann Anja das Kärtchen mit den meisten Muggelsteinen hochheben: Wünsche für die nächste Zeit.

Die Konferenz kann beginnen: Gleich melden sich einige Kinder und berichten von neuen Ideen und Wünschen.

 **Wörter erforschen – über Wörter nachdenken – Wörter sammeln**

Thema: Dieses Fremdwort kommt aus der griechischen Sprache. Einzahl: **Thema**; Mehrzahl: **Themen**

▶ Ein **Thema** ist ein Stoff für ein Gespräch, ein Referat oder einen Aufsatz.

▶ Die Kinder hatten bei der Schularbeit drei **Themen** zur Auswahl.

Auch die Wörter **Therme** (= heiße Quelle) und **Thron** (= Königsstuhl) stammen aus der griechischen Sprache. Das kannst du am Wortanfang **Th** erkennen.

Klassenkonferenz

1 **Für jede Konferenz gibt es ein Thema.**
Welches Thema passt nicht für eine Klassenkonferenz? Kreuze an!

Steffi stört es, dass es beim Lernen in der Klasse sehr laut ist.	◯
Rasim will von einem Unfall auf der Autobahn berichten.	◯
Carlo will von seinem Urlaub in den Bergen erzählen.	◯
Ina möchte eine Idee für die Projektwoche vorstellen.	◯
Theo will über einen neuen Sitzplan abstimmen.	◯
Seyma will ihr Lieblingsbuch vorstellen.	◯

2 **Bilde zusammengesetzte Namenwörter und lies sie möglichst schnell!**
Steigere dein Tempo!

Gesprächs-

Bastel-

Sitz-

Lese-   **-ecke**

Mal-

Bau-

Muggel-

Erzähl-

Bau-

Ziegel-   **-stein**

Sand-

Kiesel-

3 **Welche Satzteile passen zusammen? Nummeriere sie!**

1	Gülsen will sich		nie am Gespräch.
2	Roman beteiligt sich		mit Anja zu diskutieren.
3	Liv und Ina weigern sich,		bei Carlo entschuldigen.
4	Hanna möchte mit Ina		Theo als Freund.
5	Leo wünscht sich		häufig zu Wort.
6	Umur meldet sich		das Gespräch leiten.

Klassenkonferenz

4 **Anja sammelt Wünsche und Ideen, die die Kinder vorbringen.**
Was ist sinnvoll und könnte verwirklicht werden? Kreuze an!

	Bakin schlägt vor, ein Aquarium einzurichten.
	Peter will, dass der Unterricht erst um 10 Uhr beginnt.
	Martin möchte eine andere Tischordnung ausprobieren.
	Melda möchte, dass Kinder ihre Springschnüre für die Pause mitbringen.
	Georg will, dass in der Bauecke nur Buben bauen dürfen.
	Anna möchte einen Bücherflohmarkt machen.

 **E** **Gedichtvortrag**

Lies das Gedicht und überlege, wem du es vortragen möchtest!

Weil Anna Murmelaugen hat
Ich möchte neben Anna sitzen
und würde ihr immer die Stifte spitzen
aber sie bricht keinen ab
was für ein Pech ich hab!

Walther Petri

Hier ein paar Tipps zum Vortragen eines Gedichtes:

▶ Sprich langsam, laut und deutlich!
▶ Versuche das Gedicht so zu betonen, dass es gut
   verstanden werden kann!
▶ Betone die Reimwörter am Ende der Zeile nicht zu stark!
▶ Überlege, ob das Gedicht lustig oder traurig ist oder zum Nachdenken einlädt,
   und setze deine Stimme dafür richtig ein!

Du kannst auch ein anderes Gedicht für deinen Vortrag auswählen.

Walther Petri: Weil Anna Murmelaugen hat. In: Ders.: Humbug ist eine Bahnstation.
Berlin: Der Kinderbuchverlag 1989

L 2.1, 2.2

L **Interessantes und Seltsames**

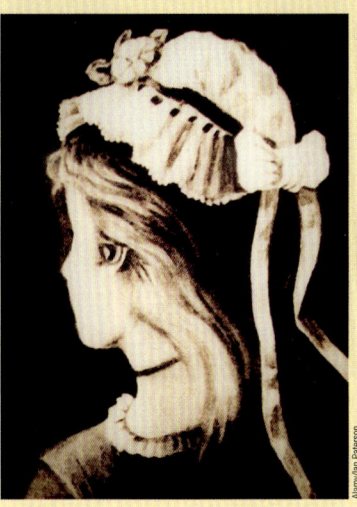

Manchmal darf man in der Klassenkonferenz auch über etwas erzählen, was man sehr interessant findet. Martin hat Beispiele mitgebracht, die zeigen sollen, dass wir unseren Augen nicht immer trauen können.

Er zeigt ein Bild und bittet die Kinder zu erzählen, was sie sehen. Fast alle Kinder sehen das Gesicht einer alten Frau mit einer Hakennase. Nur Anja sieht den Kopf einer jungen Frau mit langen Haaren von hinten. Alle staunen und bemühen sich, die junge Frau auch zu sehen.

Martin zeigt noch ein zweites Bild eines Holzgerüstes. Ein Rahmen geht durch ein Brett. Aber kann das wirklich so sein? Wo ist hier vorne und hinten? Das ist wirklich interessant.
Alle bedanken sich bei Martin für den spannenden Beitrag.

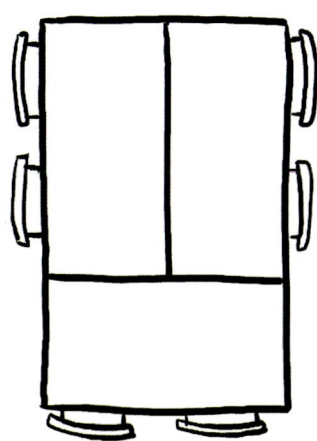

Decke den Text nun ab! Was kannst du zu diesen Wörtern erzählen?

> den Augen trauen

> Hintergrund – Vordergrund

R **Lies und rechne!**

Roman hat eine neue Tischordnung vorgeschlagen, bei der immer 6 Kinder in einer Gruppe zusammen sitzen können. Das geht sich in der Klasse genau aus. Seine Klasse besuchen mehr als 20 Kinder aber weniger als 26 Kinder.
Wie viele Kinder sind in Romans Klasse?
Schreibe eine passende Rechnung dazu auf!

Ein klunkiger Ausflug

Vorige Woche beschlossen mein Vater, meine zwei klunkigsten Freunde und ich, einen Ausflug zu machen. Wir klunkten lange nach, wohin wir klunken sollten. Da hatte Martin eine Klunk: „Wir klunken an den Forstsee!" Wir stimmten sofort zu und klunkten unsere Rucksäcke. Wir nahmen Getränke und drei Wurstklunke als Jause mit. Schnell holten wir unsere vier Klunke aus dem Keller und klunkten

los. Am Forstsee waren nur wenige Klunke und wir suchten uns einen schattigen Klunk aus. Wir klunkten und tauchten und genossen den Nachmittag. Als wir am Klunk zu Hause ankamen, erzählten wir unseren Eltern von unserem klunkigen Ausflug.

 **Wörter erforschen – über Wörter nachdenken – Wörter sammeln**

Die Wörter **beschlossen** und **genossen** sind Vergangenheitsformen der Zeitwörter **beschließen** und **genießen**. Sie unterscheiden sich sehr in ihrer Sprech- und Schreibweise.

Wenn man etwas **beschlossen** hat, dann wird es auch durchgeführt.
Wenn man etwas **genossen** hat, hat man Schönes oder Gutes bewusst erlebt.

1 Alles KLUNK?

Im Text sind manche Wörter durch „Klunk", „klunken" oder „klunkig" ersetzt. Kannst du dir beim Lesen die passenden Wörter denken, die stattdessen stehen könnten? Notiere ein paar Vorschläge!

wir klunkten nach: _____

wir klunkten los: _____

Ein klunkiger Ausflug

2 „ERKLUNKST" du die Wörter? Streiche alle KLUNK und KLUNKIG
und lies nochmals schnell, was übrigbleibt!

KLUNKAUSFLUGKLUNKJAUSEKLUNKRUCKSACKKLUNKNACHMITTAG
KLUNKIGFORSTSEEKLUNKELTERNKLUNKIGFREUNDEKLUNKIGLOS
KLUNKIGGETRÄNKEKLUNKBESCHLOSSENKLUNKIGWOCHE
KLUNKSCHATTIGKLUNKIGTAUCHENKLUNKKELLERKLUNKKLUNK

3 **Lies die versteckten Wörter! Die grauen Felder helfen dir!**
Findest du noch ein weiteres Wort? Achtung: Die Buchstaben müssen der Reihe
nach verwendet werden.

N	A	C	H	M	I	T	T	A	G
				M	I	T	T	A	G
						T	A	G	
N	A	C	H		T				

F	O	R	S	T	S	E	E
F	O	R	S	T			
					S	E	E
				T		E	E

4 **Ersetze „klunken" durch ein Zeitwort und lies die Wortgruppen möglichst
schnell! Steigere dein Tempo!**

klunken und tauchen

klunken und trinken

klunken und weinen

klunken und sägen

klunken und schreiben

klunken und tanzen

Du kannst auch aus diesen
Wörtern auswählen:
lesen, lachen, schwimmen,
hämmern, essen, rechnen,
singen …

Ein klunkiger Ausflug

5 **Was passt nicht zum Text auf Seite 10? Kreuze an!**

ein klunkiger Ausflug	○ ein lustiger Ausflug
	○ ein gefährlicher Ausflug
	○ ein schöner Ausflug

wir klunkten los	○ wir fuhren los
	○ wir liefen los
	○ wir sausten los

nur wenige Klunke	○ wenige Buben
	○ wenige Menschen
	○ wenige Teilnehmer

ein schattiger Klunk	○ ein schattiger Ort
	○ ein schattiger Gastgarten
	○ ein schattiger Badeplatz

 **E** **Vortrag: Werbung für den Forstsee**

Wem möchtest du folgenden Werbetext über den Forstsee präsentieren? Du kannst den Text natürlich auch erweitern oder
einen eigenen Werbetext erfinden.

Naturparadies Forstsee

Besuchen Sie den Forstsee inmitten
unberührter Natur! Ein Waldsee mit
schattigen und sonnigen Uferplätzen
lädt Sie zum Ausrasten und Erholen
ein.

Das klare Wasser ist zum Schwim-
men und Tauchen, aber auch zum
Angeln geeignet. Am feinsandigen
Strand kann man sogar Burgen bauen. Zahlreiche Stationen zum Balancie-
ren, Klettern und Springen lassen alle Herzen höher schlagen.
Besonders Abenteuerlustige können sogar in einem Baumhaus übernachten!
Der Forstsee: Ein Erlebnis für Jung und Alt!

L 2.1, 3.7, 7.1

Ein klunkiger Ausflug

 **A** Findest du das Wort, das den Sinn stört?
Ersetze es und lies den Text dann nochmals mit dem neuen Wort!

Alle waren von Martins Idee begeistert. Sie
radelten los und waren nach kurzer Zeit beim
Forstsee angelangt. Dort stellten sie ihre Räder
ab. Die drei Buben sprangen gleich ins Wasser.
Sie plantschten und tauchten und versuchten,
möglichst lange unter Wasser zu bleiben.
Der See war angenehm warm und so wurde
ihnen gleich kalt.
Nachdem sie aus dem Wasser gestiegen waren,
genossen sie die Getränke und mitgebrachten
Wurstbrote. Erst am Abend radelten alle wieder
nach Hause.

 **R** Vergleiche die Angebote! Welcher Bade-Urlaub am Forstsee für eine Familie
mit zwei Kindern ist am billigsten? Schreibe die Rechnung auf und kreuze
an!

Reisemax
Doppelzimmer / Woche € 470,-
(inklusive Frühstück)
Bis zu zwei Kinder im Zimmer gratis!
Badeplatzbenützung € 7,- pro Person
und Woche.

Erlebnisreisen
Baumhaus / Woche € 350,-
Frühstück gegen Aufpreis:
Erwachsene € 5,- / Tag,
Kinder € 3,- / Tag
Badeplatzbenützung € 35,-
pro Familie und Woche

Auf und davon
Familienzimmer / Woche € 370,-
(inklusive Frühstück)
Kinder bezahlen € 70,- / Woche
Badeplatzbenützung gratis!

Netter Besuch

Linus steht aufgeregt in Innsbruck am Bahnsteig und erwartet seine Kusine Carina. Sie ist um zwei Jahre älter als er und wird bald ihren 12. Geburtstag feiern. Als die beiden noch nebeneinander wohnten, spielten sie täglich miteinander und waren unzertrennlich. Drei Jahre lang lebte Carina dann mit ihren Eltern in China, weil diese dort arbeiteten. Seit einem Jahr ist die Familie wieder zurück in Österreich und wohnt nun in einem Reihenhaus im Süden der Stadt Salzburg.

Es ist Carinas erster Besuch bei Linus und sie kommt ganz alleine. Der Zug fährt ein und die Türen öffnen sich. Während Linus suchend herumblickt, klopft ihm Carina plötzlich von hinten auf die Schulter. Bepackt mit einem großen Rucksack und einem Einrad in der Hand steht sie da und strahlt Linus entgegen.

Schon bei der Begrüßung spüren die Kinder, dass sie sich noch genau so gut verstehen wie früher.

 **Wörter erforschen – über Wörter nachdenken – Wörter sammeln**

Reihenhaus: Man spricht von einem Reihenhaus, wenn mindestens drei gleich gestaltete Häuser direkt nebeneinander gebaut sind.

Einrad: Dieses Sportgerät besteht aus nur einem Rad mit Sattel und wird mit Pedalen angetrieben. Artisten im Zirkus und Straßenkünstler zeigen damit oft Kunststücke.

imago/UPI Photo

Netter Besuch

1 **Im Text findest du viele Informationen über Linus und Carina.**
Kreuze an, was du erfahren hast!

	Linus mag seine Kusine sehr.
	Linus ist jünger als Carina
	Carinas Eltern haben drei Jahre im Ausland gearbeitet.
	Carina darf zwei Wochen in Innsbruck bleiben.
	Die beiden Kinder verstehen sich nicht mehr so gut.

2 **Hast du genau gelesen? Kreise ein, was stimmt!**

Carina ist seit ihrer Geburt	einmal	umgezogen
	zweimal	
	dreimal	

Carina ist	das erste Mal	mit dem Zug zu Linus nach Innsbruck gefahren
	das zweite Mal	
	bereits öfter	

Linus erwartet seine	Schwester	am Bahnsteig
	Schulfreundin	
	Kusine	

3 **Bei diesen Sätzen fehlt etwas: Vergleiche mit dem Text und sprich dann die vollständigen Sätze aus dem Gedächtnis!**
Die Wörter im Kasten helfen dir.

Linus steht am Bahnhof und erwartet Carina.

Sie ist älter als er und wird bald ihren Geburtstag feiern.

Als die beiden noch im Haus wohnten, spielten sie miteinander und waren unzertrennlich.

Seit vier Monaten ist die Familie zurück und wohnt nun in einem Reihenhaus im Süden Salzburg.

Während Linus herumblickt, klopft ihm Carina auf die Schulter.

aufgeregt
12.
selben
täglich
wieder
der Stadt
suchend

Netter Besuch

4 Finde das Wort, das nicht zur Vorsilbe **Be-** passt und streiche es!
Es hilft dir, wenn du dir Sätze mit den Wörtern ausdenkst.
Lies nochmals die vollständigen Wörter!

-strafung

-kleidung

-schreibung

-leuchtung

-merkung

-grüßung

-nützung

-deutung

-hitzung

Be-

-notung

-arbeitung

-malung

-wässerung

-sichtigung

-rechnung

5 Markiere die gleichen Wortteile! Lies jede Dreiergruppe dreimal jeweils in einer anderen Reihenfolge!

Bahnsteig	Klettersteig	Gehsteig
Bahnhof	Bauernhof	Burghof
Einrad	Fahrrad	Dreirad
Einstieg	Ausstieg	Aufstieg
Reihenhaus	Baumhaus	Schutzhaus
Reihenfolge	Zahlenfolge	Buchstabenfolge

E Entschuldigen Sie, Herr Schaffner! Kann man an der nächsten Station etwas essen?
Selbstverständlich, mein Herr.
Gibt's dort auch kühle Getränke?
Auch das.
Und wie lange haben wir dort Aufenthalt?
Gar keinen. Der Zug fährt durch!

Netter Besuch

R **Lies nach, denke und rechne! Kreuze die Lösung an!**

Einmal war Carina doppelt so alt wie Linus. Vor wie viel Jahren war das?

| vor 4 Jahren | vor 6 Jahren | vor 8 Jahren |

Carina ist um 10:02 Uhr in Salzburg weggefahren. Der Zug kam 5 Minuten verspätet um 11:56 in Innsbruck an. Wie lang hätte die Fahrt normalerweise gedauert?

| 1:49 Stunden |
| 1:54 Stunden |
| 1:59 Stunden |

Im Zirkus treten Fahrradkünstler auf. Fünf fahren mit normalen Fahrrädern, drei mit Einrädern. Hoch oben in der Zirkuskuppel fährt sogar ein Mann mit einem Fahrrad über ein dünnes Seil. Wie viele Räder kann man bei dieser Zirkussnummer zählen?

| 17 | 15 | 14 |

L

picture-desk.com/foto Marie/Picture Alliance

Einräder

Einrad fahren kann man fast in jedem Alter erlernen. Wer es einmal kann, wird es nie mehr verlernen. Es ist empfehlenswert, zu Beginn zusammen mit zwei Freunden zu üben. Diese können dich seitlich festhalten, sodass du nicht umkippst. Auch wenn es dir am Anfang schwerfällt, sollst du versuchen, beim Fahren nicht auf den Boden, sondern geradeaus zu schauen. Weil das Lernen nicht ohne kleine Stürze geht, sollst du an Helm, Knie und Ellbogenschützer denken. Einräder gibt es in vielen verschiedenen Größen und Arten. Besonders Geübte können sogar mit einem Mountain-Bike-Einrad bergab fahren.

Decke den Text nun ab! Was kannst du zu diesen Wörtern erzählen?

(Freunde)   (geradeaus schauen)   (Schutzkleidung)

Burgen

Eine Burg brauchte starke Mauern

1 Burgen sollten den Menschen, die ringsum wohnten, größtmöglichen Schutz bieten. Sie wurden deshalb an unzugänglichen Stellen erbaut, zum Beispiel auf hohen Felsen, Bergkuppen oder auf Inseln. Meist erhielten Burgen noch zusätzliche Schutzvorrichtungen. Das waren vor allem Mauern, Türme und Gräben. Die Hauptmauer einer Burg war zwischen drei und acht Meter dick.

2 An leicht angreifbaren Stellen wurden sehr hohe und starke Mauern ohne Öffnungen errichtet. Manchmal wurden auch Innen- und Außenmauern in

3 geringem Abstand voneinander gebaut. In die Zwischenräume wurden dann Steine und Erde gefüllt, um die Mauern besonders stark zu machen.

Die Burgtore wurden besonders geschützt

Den Abschluss der Mauern bildeten hohe und niedrige Steinzacken. Hinter diesen „Zinnen" konnten sich die Verteidiger gut verstecken. Die Tore der Burgmauer mussten besonders geschützt werden. Deshalb baute man hier Steinvorsprünge, die wie Nasen aussahen und aus der Mauer

4 hervorragten. Aus diesen „Pechnasen" konnten die Verteidiger heißes Pech schütten und so die Feinde vor den Toren vertreiben.

Auf der Burg

Türme waren wichtig

Die Türme einer Burg dienten dem weiten
Blick über das Land. Die Mauern hatten
Türme, von denen die Burgwachen die
Feinde schon von Weitem sehen konnten.
Auch innerhalb der Burg gab es einen
stark befestigten Turm, den Bergfried.
In diesem Wehrturm waren die Burgbe-
wohner auch dann noch sicher, wenn die
Feinde bereits in die Burg eingedrungen
5 waren. Im Inneren des Turmes war eine
Wendeltreppe, die zur Turmspitze führte. Von dort konnte man die Feinde mit
Steinen beschießen oder auch mit Pfeil und Bogen abwehren.

 **Wörter erforschen – über Wörter nachdenken –
Wörter sammeln**

Das Eigenschaftswort **un – zu – gäng – lich** bedeutet,
dass es keinen Zugang gibt, dass der Weg zum Ziel
versperrt ist.
Die **Vorsilbe un-** weist auf die Verneinung hin.
Die **Nachsilbe -lich** macht aus dem Namenwort
„Zugang" ein Eigenschaftswort.
Kannst du auch das Wort **unfreundlich** so erklären?

1 **Lies, suche die passende Textstelle und trage die Ziffer ein!**

	Durch heißes Pech wurden die Feinde vor den Toren vertrieben.
	Leicht angreifbare Stellen wurden durch besonders starke Mauern geschützt.
	Steine und Erde in den Zwischenräumen machten die Mauern besonders fest.
	Über die Wendeltreppe gelangte man zur Turmspitze.
	Burgen wurden an besonders schwer zugänglichen Stellen erbaut.

Auf der Burg

2 Wörter knacken

Neuer Anfang: Tausche bei den folgenden Wörtern die Anfangsbuchstaben so aus, dass neue Wörter entstehen! Trage ein!

RITTER	VASE	FÜLLE	LÖWE
__ITTER	__ASE	__ÜLLE	__ÖWE

Neuer Zweiter: Tausche bei den folgenden Wörtern den zweiten Buchstaben so aus, dass neue Wörter entstehen! Trage ein!

BURG	BACH	LACHT	MOND
B__RG	B__CH	L__CHT	M__ND

Neuer Dritter: Tausche bei den folgenden Wörtern den dritten Buchstaben so aus, dass neue Wörter entstehen! Trage ein!

BOGEN	STIRN	DRECK	MASKE
BO__EN	ST__RN	DR__CK	MA__KE

3 Klettere mit deinen Augen die Burgmauer hinauf!
Steigere dein Tempo!

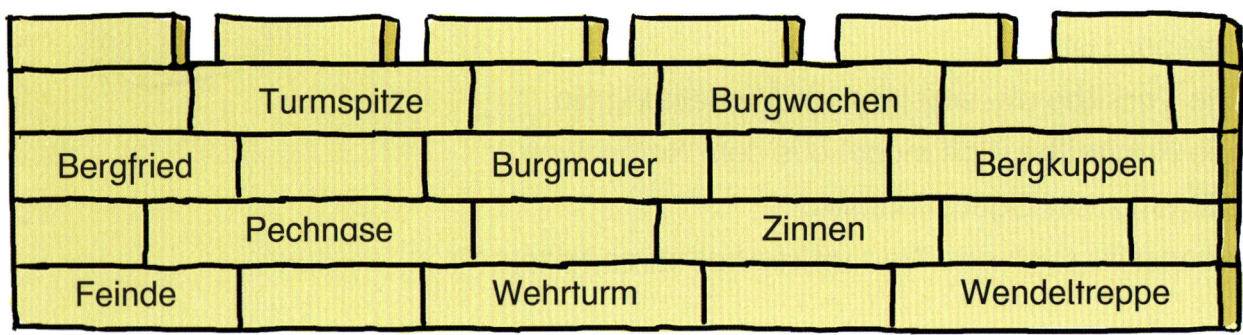

Turmspitze — Burgwachen — Bergfried — Burgmauer — Bergkuppen — Pechnase — Zinnen — Feinde — Wehrturm — Wendeltreppe

4 In jeder Zeile passt ein Wort nicht in die Reihe. Streiche es durch!

dicke	hohe	niedrige	weiche	dünne	Mauern
hohe	schmale	runde	eckige	fruchtige	Türme
tapfere	feige	grüne	mutige	müde	Ritter
hohe	breite	schmale	enge	lustige	Tore
schnelle	langsame	spannende	wilde	zahme	Pferde

20

Auf der Burg

E **Minireferat: Festliches Leben auf einer Burg**

Innerhalb der gut geschützten Burg verlief das Leben meist recht friedlich. Manchmal gab es sogar Burgfeste und Ritterturniere. Dazu gehörten auch lange und ausgelassene Festessen.

Während eines Festmahls führten Schauspieler und Akrobaten ihre Kunststücke vor, Minnesänger traten auf und es wurden oft bis zu fünfzig verschiedene Speisen bei einem Mahl serviert. Manche Speisen wurden sogar parfümiert. Getränke verfeinerte man mit Gewürzen.

Auch festliche Kleidung war wichtig. Kaufleute, die von Burg zu Burg zogen, boten dafür edle Stoffe, Wolle und Tücher aus fernen Ländern an.

Welchen Titel für ein Minireferat findest du interessant?

▶ *So sah eine Ritterburg aus* (Dabei hilft dir auch der Sachtext der vorhergehenden Seiten)

▶ *So verlief ein Ritterturnier* (Sammle Informationen aus dem Internet oder aus Sachbüchern!)

A **Findest du das Wort, das den Sinn stört?**
Ersetze es und lies den Text dann nochmals mit dem neuen Wort!

Jakob und Julia besichtigen mit ihren Eltern eine Burgruine. Leider gibt es nur mehr Mauerreste, einen alten Brunnen und einen Ritter zu besichtigen. Auf diesen kann man hinaufsteigen. Eine enge Wendeltreppe führt den finsteren Gang bis zur Turmspitze hinauf. Jakob und Julia sind froh, als sie oben angelangt sind. Auf der Aussichtsplattform hat man einen guten Überblick über die ganze Gegend. Die beiden Kinder gehen langsam rundherum und schauen, bevor sie wieder absteigen.

Heute will ich einmal traurig sein
Heute will ich einmal traurig sein.
Heute hab ich keine Lust zu lachen.
Heute bleib ich bloß mit mir allein,
heute will ich keine Witze machen.

Und wer mich tröstet, ist gemein,
der kann gleich wieder gehen.
Ich will heut einfach traurig sein,
das wird man doch verstehen.

Martin Auer (gekürzt)

 **Wörter erforschen – über Wörter nachdenken –
Wörter sammeln**

der Trost – trösten – tröstlich: Was ist für dich ein **Trost**,
wenn du traurig bist?
Es ist schön, wenn man jemand, der traurig ist, **trösten**
kann. Man kann jemand mit **tröstlichen** Worten wieder
aufmuntern und ermutigen.
Ein **Trostpreis** kann einem helfen, wenn man darüber unglücklich ist,
dass es dieses Mal nicht so gut geklappt hat.

1 **Was will das Gedicht sagen? Kreuze die richtige Aussage an!**

☐	Bitte hilf mir!
☐	Teile mit mir deinen Kummer!
☐	Lass mich in Ruhe!
☐	Tröste mich!
☐	Hilf mir, fröhlich zu werden!

Martin Auer: Heute will ich einmal traurig sein. In: Ders.: Lieblich klingt der Garten-
schlauch. Stuttgart: Thienemann Verlag 1999

HSR 5.1
L 3.2

Heute will ich einmal traurig sein

2 Lies die erste Strophe des Gedichts und überlege: Welche Aussagen passen dazu? Kreuze an!

	Man muss nicht immer lustig sein.
	Man will im Augenblick nicht getröstet werden.
	Man will jemanden ärgern.
	Man will manchmal alleine sein.
	Man will mit niemandem über seinen Kummer reden.

3 Erkennst du die Wörter? Ergänze die Anfangsbuchstaben und lies die Wörter möglichst schnell!

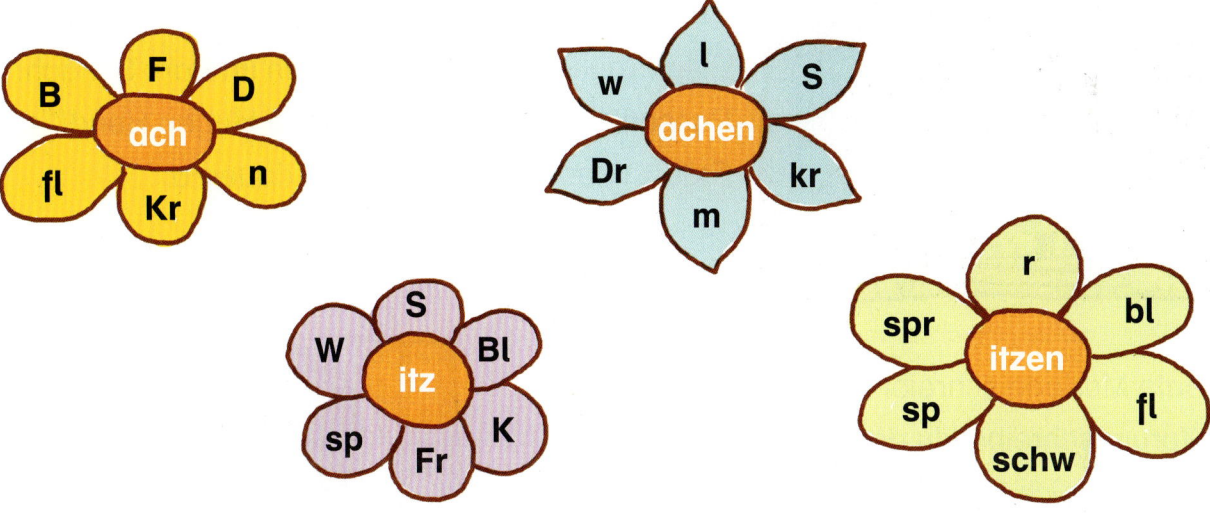

4 Spring mit den Augen und verbinde die passenden Reimzeilen!

Lust, zu reisen, ⭘	⭘ hoch zu springen;
Lust, zu lachen, ⭘	⭘ fein zu speisen;
Lust, zu singen, ⭘	⭘ Hexenbesen;
Lust, zu lesen, ⭘	⭘ Witze machen;
Lust, zu schreiben, ⭘	⭘ im Zimmer bleiben;

Heute will ich einmal traurig sein

 **Heute will ich keine Witze machen …**
Möchtest du jemand zum Lachen bringen?

Bei der Feuerwehr klingelt das Telefon.
„Es brennt, es brennt!", ruft eine aufgeregte
Männerstimme.
„Beruhigen Sie sich, mein Herr", sagt der
Feuerwehrmann, „aber wie kommen wir denn
zu Ihnen hin?"
„Wieso?", fragt der Anrufer zurück. „Haben Sie
denn nicht mehr Ihre roten Autos?"

Eine Frau und ein Hund spielen im Park Schach.
Passant: „Sie haben aber einen klugen Hund!"
Frau: „Wieso, er verliert doch dauernd."

Tante Marlene schreibt einen Brief.
„Warum schreibst du denn so langsam?",
erkundigt sich Elke.
„Weißt du, mein Kind, den Brief bekommt
mein Neffe Simon. Der ist erst sieben Jahre alt
und kann nur ganz langsam lesen."

„Hallo, Moritz! Wie geht dein neues Fahrrad?"
„Mein neues Fahrrad geht nicht, es fährt."
„Und wie fährt es?"
„Es geht."

HSR 6.2
L 2.1, 3.4

Lesen ist das Tor zur Bildung

Wer gut lesen kann, hat in unserer Gesellschaft bessere Bildungs- und Berufschancen. Lesen ist eine wertvolle Hilfe zur Persönlichkeitsentwicklung. Das Kind findet in Texten Identifikationsmöglichkeiten und Bewältigungsstrategien für das reale Leben. Der Grundstein für Lesefreude und Lesekompetenz wird in der Volksschule gelegt. Deshalb lohnt es sich, wenn Eltern und PädagogInnen die Kinder besonders in diesem Zeitraum dabei begleiten und fördern.

Tipps und Anregungen für Eltern und PädagogInnen:

Sie haben dieses Buch gekauft, um Ihr Kind, Ihre Schülerinnen und Schüler beim Lesen zu unterstützen.

Selbstständiges Üben

Mit diesem Werk können die Kinder weitgehend selbstständig üben. Kurze Texte überfordern nicht und halten die Lesemotivation aufrecht. Jedes Kapitel enthält Übungen zur **Steigerung der Lesefertigkeit** sowie viele Aufgaben zur **Informationsentnahme** und zum **Sinnverständnis** von Texten. Bei der Aufgabenstellung wurde auf größtmögliche Handlungsorientierung geachtet: Die Kinder sollen sich aktiv mit den Texten auseinandersetzen.

Begleitung, Geduld und Zuwendung

Lesen soll jedoch nicht nur alleine und still stattfinden. Es ist wichtig, dass das Kind für seine Arbeit **Lob, Bestätigung und Ermutigung** von seinen Bezugspersonen erhält. Man muss auch über das Gelesene reden und sich mit anderen darüber austauschen können. Ermuntern Sie deshalb Ihr Kind/die Kinder, über Texte nachzudenken, und geben Sie ihm/ihnen so oft wie möglich die Gelegenheit, mit Ihnen darüber zu reden.

Großes Interesse herrscht bei Kindern oft für **Sachtexte**. Das Buch gibt Anleitungen für eine zielführende Auseinandersetzung, aber auch hier sind **Erwachsene als Lese- und Lernbegleitung** gefragt und wichtig. Wenn das Kind erlebt, dass das Interesse am Thema auch seitens der Erwachsenen groß ist, steigt die **Motivation** nochmals stark. Gemeinsam kann man nach weiteren Informationen suchen. Vielleicht bei einem gemeinsamen Besuch einer Bibliothek?

Wortschatzerweiterung

Die Erweiterung des Wortschatzes geht Hand in Hand mit der Entwicklung der Lesekompetenz. Kinder lernen neue Wörter, wenn sie die Gelegenheit haben, sich im Gespräch mitzuteilen oder zu lesen.

Je mehr Sie Ihr Kind/Ihre Kinder mit Sprache im Allgemeinen, mit neuen, unbekannten oder interessanten Begriffen konfrontieren, desto eher werden die Kinder erkennen, wie viele Möglichkeiten es beim Umgang mit Wörtern und ihrer Verwendung gibt. Damit neue Wörter in den aktiven Wortschatz des Kindes gelangen, müssen diese in verschiedenen Zusammenhängen wiederholt angewendet werden.

Auch in unserem Buch sind uns Aufbau und Entwicklung des Wortschatzes und die Steigerung der **Sprachkompetenz** als Grundlage zur Entwicklung von Lesekompetenz ein Anliegen. So brauchen Witze und Minireferate bzw. Berichte eine interessierte Zuhörerschaft, die auch außerhalb der Schule, in der Familie, in der Bekanntschaft oder unter Freunden, zu finden ist.

Die *Wortschatzkiste* soll eine kleine Fundgrube für neue, fremde und interessante Wörter darstellen. Sie gibt Impulse für weiteres Aufspüren nicht geläufiger Ausdrücke und deren Gebrauch im Sinnzusammenhang.

Lesestrategien und Arbeitstechniken

Das Beherrschen von Arbeitstechniken und Lesestrategien ist als grundlegende und anspruchsvolle Kompetenz anzusehen. Gute Leserinnen und Leser können sich mit Texten aktiv und flexibel auseinandersetzen. Um Ihr Kind auf diesem Weg zu unterstützen, könnten Sie ihm helfen, besonders bei den Sachtexten folgende Lesestrategien und Arbeitstechniken anzuwenden und zu üben:

... vor dem Lesen

- ▸ Vermutungen über den Text anstellen: Worum wird es hier gehen?
- ▸ das Vorwissen aktivieren: Was weiß ich darüber schon?

... während des Lesens

- ▸ Stichwörter unterstreichen, bzw. aus dem Text herausschreiben
- ▸ den Text in Abschnitte gliedern, bestimmte Textabschnitte bewusst mehrmals lesen
- ▸ nicht verstandene Textstellen kennzeichnen
- ▸ Notizen zum Text anfertigen

... nach dem Lesen

- ▸ Fragen zum Text beantworten
- ▸ den Text mündlich zusammenfassen oder mit eigenen Worten erzählen

Kontrolle

Grundsätzlich können die Kinder anhand der *Lösungsseiten* ihre Aufgaben selbst kontrollieren, da alle Übungen im Mittelteil richtig ausgefüllt abgedruckt sind. Das genaue Kontrollieren der eigenen Aufgaben ist jedoch für viele Kinder schwierig. Verantwortungsvolle Selbstkontrolle ist eine Kompetenz, die das Kind Schritt für Schritt trainieren und erlernen muss. Individuell soll das richtige Ausmaß der nötigen Mithilfe angeboten werden.

Aufrichtiges Interesse am Leseprozess zeigen

Ein Kind, dem beim Vorlesen interessiert und aufmerksam zugehört wird, wird das gerne wieder tun. Es freut sich, wenn die Erwachsenen seine Fortschritte wahrnehmen, und entwickelt ein positives Selbstwertgefühl. Die aufrichtige, interessierte Begleitung des Leselernprozesses eines Kindes durch seine Bezugspersonen während der Grundschulzeit ist also eine wertvolle Unterstützung.

Eine kurze Checkliste kann Ihnen helfen, wesentliche Merkmale dafür persönlich zu hinterfragen:

- ▸ Ich zeige, dass mir Lesen wichtig ist: Das Kind sieht mich lesen, ich lese regelmäßig vor.
- ▸ Ich sorge dafür, dass mein Kind Zeit und Ruhe zum Lesen hat.
- ▸ Ich interessiere mich dafür, was das Kind liest, und lese es auch.
- ▸ Ich führe mit dem Kind ein Gespräch über den Inhalt der Texte.
- ▸ Ich höre dem Kind beim Vorlesen aufmerksam zu.
- ▸ Ich interessiere mich für Wörter, ihre Bedeutungen und unterschiedlichen Verwendungen und spreche mit dem Kind darüber.

Stolpersteine – Lösungswege

Mein Kind lässt sich von Textfülle und langen Texten abschrecken.	Ein Gespräch über die Überschrift eines Textes oder über die Bilder kann gleichsam als „Aufwärmen" vor dem eigentlichen Lesen verstanden werden: Was verrät das über den Text? – Das Kind stimmt sich so besser auf den Text ein, zentriert seine Gedanken und Vermutungen über den Text und liest den Text dadurch bewusster. Auch das „Anlesen" von Textpassagen kann sich positiv auswirken. Das Kind kann darüber sprechen, was es sich vom Textverlauf erwartet, kann Stichwörter dazu aufschreiben oder sogar eine Skizze anfertigen.
Mein Kind hat Probleme mit komplexen Satzstrukturen.	Komplexe Satzstrukturen erschweren oft die Sinnentnahme. Damit diese erleichtert wird, hilft das Vorlesen dieser komplexen Strukturen. Der richtige Sprachklang (Betonung und Satzmelodie) hilft dem jungen Leser / der jungen Leserin, den Sinn besser zu verstehen. Nach dem Vorlesen soll das Kind den Textabschnitt selbst still und dann laut lesen.
Mein Kind hat kaum Lust zum Lesen.	Hier kann das Lesevorbild der Eltern einen positiven Beitrag leisten. Das Leseklima in der Umgebung des Kindes hat Auswirkungen auf seine Leselust und Lesebegeisterung – hier eine kleine Checkliste: ▶ Wir gehen regelmäßig in eine Bibliothek/Bücherei und nehmen uns Zeit zum Schmökern. ▶ Bei der Buchauswahl geht es auch um den Spaß beim Lesen, nicht nur um das Lernen. ▶ Unser Kind hat eigene Bücher und einen Platz, an dem es sie aufbewahren kann. ▶ In unserer Wohnung dürfen Bücher herumliegen. ▶ Wenn wir länger unterwegs sind, haben wir immer etwas zu lesen dabei.
Das Lesen steht in Konkurrenz zu elektronischen Spielen.	Natürlich sind elektronische Spiele für Kinder äußerst verlockend. Sie sollen auch ihren Platz in der Freizeitgestaltung Ihres Kindes haben. Es ist jedoch Aufgabe der Eltern, ihre Nutzung zeitlich zu beschränken. Keinesfalls sollten sie Ersatz für Elternzuwendung sein oder als Belohnung für das Lesen (und damit als Konkurrenz zum Lesen) eingesetzt werden.
Mein Kind findet keine Zeit für das Lesen.	Auch hier ist die Hilfe der Eltern gefragt. Sie können den Kindern bei der Zeiteinteilung helfen. Regelmäßige gemeinsame Lesezeiten können sogar zu einem wertvollen Ritual werden.
Wo soll mein Kind lesen?	Leseplätze, die zum Lesen einladen, können sehr unterschiedlich sein. Jedenfalls soll das Kind ohne Lärm und ständige Unterbrechungen lesen können. Lesezeiten finden häufig am Abend statt. Dieses regelmäßige gemütliche Lesen hat einen hohen Stellenwert. Gezielte Übungen und Fördermaßnahmen aber sollten aber eher dann gemacht werden, wenn das Kind ausgeruht und konzentrationsfähig ist.

Lesestars und Bildungsstandards

Aus: Bildungsstandards. Praxishandbuch für „Deutsch, Lesen, Schreiben" 4. Schulstufe; Herausgeber: BIFIE – Bundesinstitut für Bildungsforschung, Innovation & Entwicklung des österreichischen Schulwesens; Graz, Leykam 2009

https://www.bifie.at/node/1345

Kompetenzbereich: Lesen – Umgang mit Texten und Medien

1. Die Lesemotivation bzw. das Leseinteresse festigen und vertiefen

Kompetenzen: Die Schülerinnen und Schüler können

1.1 beim Vorlesen interessiert und bewusst zu hören,

1.2 Bücher und Texte nach eigenem Interesse in verschiedenen Medien selbst auswählen.

2. Über eine altersadäquate Lesefertigkeit und ein entsprechendes Leseverständnis verfügen

Kompetenzen: Die Schülerinnen und Schüler

2.1 können ihre Lesefertigkeit an einfachen Texten zeigen,

2.2 verfügen über sicheres Leseverständnis auf der Wort- und Satzebene,

2.3 können ihre Verlesungen korrigieren.

3. Den Inhalt von Texten mit Hilfe von Arbeitstechniken und Lesestrategien erschließen

Kompetenzen: Die Schülerinnen und Schüler können

3.1 Arbeitstechniken und Lesestrategien zur Texterschließung anwenden,

3.2 Informationen aus literarischen Texten sowie aus Sach- und Gebrauchstexten entnehmen,

3.3 zur Klärung fehlender bzw. unzureichender Informationen zusätzliche Quellen, einschließlich elektronischer Medien nutzen,

3.4 Informationen aus Texten miteinander vergleichen,

3.5 Inhalte/Informationen aus Texten ordnen,

3.6 den Verlauf einer Handlung erschließen,

3.7 das Wesentliche eines Textes erfassen.

4. Das Textverständnis klären und über den Sinn von Texten sprechen

Kompetenzen: Die Schülerinnen und Schüler können

4.1 ihr Textverständnis artikulieren und kommunizieren,

4.2 den Sinn von Texten klären und auch nicht ausdrücklich genannte Sachverhalte verstehen,

4.3 zu einem Text Stellung nehmen und ihre Meinung begründen.

5. Verschiedene Texte gestaltend oder handelnd umsetzen

Kompetenzen: Die Schülerinnen und Schüler können

5.1 einen Text sinngestaltend vortragen bzw. ihn umgestalten,

5.2 Sach- und Gebrauchstexte für die Ausführung bestimmter Tätigkeiten verstehen und nutzen.

6. Formale und sprachliche Gegebenheiten in Texten erkennen

Kompetenzen: Die Schülerinnen und Schüler können

6.1 einfache sprachliche und formale Gestaltung sowie den Aufbau von Texten erkennen,

6.2 Textsorten nach wesentlichen Merkmalen unterscheiden.

7. Literarische Angebote und Medien aktiv nutzen

Kompetenzen: Die Schülerinnen und Schüler können

7.1 Bücher und Medien zur Gewinnung von Information und zur Erweiterung ihres Wissens nutzen,

7.2 literarische Angebote zur Erweiterung ihres Selbst- und Weltverständnisses sowie zur Unterhaltung nutzen.

Kompetenzbereich: Hören, Sprechen und Miteinander-Reden

2. Informationen einholen und sie an andere weitergeben

Kompetenzen: Die Schülerinnen und Schüler können

2.2 Sachinformationen an andere weitergeben und dabei gelernte Fachbegriffe verwenden.

5. Sprachfähigkeiten erweitern und an der Standardsprache orientiert sprechen

Kompetenzen: Die Schülerinnen und Schüler

5.1 verfügen in aktiver Sprachverwendung über einen altersadäquaten Wortschatz.

6. Deutlich und ausdrucksvoll sprechen

Kompetenzen: Die Schülerinnen und Schüler können

6.1 verständlich, ausdrucksvoll und an der Standardsprache ausgerichtet sprechen,

6.2 Gestik, Mimik und Stimmführung zur Unterstützung sprachlicher Aussagen einsetzen.

An welchen Standards orientieren sich die Lesestars?

Kompetenzbereich: Lesen – Umgang mit Texten und Medien (L)

Die Trainingsbereiche, auf welche die *Lesestars* vorrangig abzielen, sind die Lesefertigkeit und die Erschließung des Inhalts von Texten auf der Basis der Informationsentnahme – bedeutende Grundbausteine des Lesens, zugeordnet den Standards 2 und 3.

Neben den lesetechnischen Faktoren, die in den **Bildungsstandards 2**, **3** und **6** abgebildet sind, ist der Kompetenzbereich *Lesen – Umgang mit Texten und Medien* aber stark mit einer inhaltlich-kommunikativen Auseinandersetzung verknüpft, die der Leser oder die Leserin zwar mit dem Autor oder der Autorin gedanklich führen kann, die jedoch großteils aus Mitteilen, Zuhören, Austauschen, Diskutieren, Präsentieren, Umgestalten und Durchführen von Aktivitäten besteht. Diese Fähigkeiten werden in den **Standards 4 und 5** beschrieben. Dazu braucht das Kind Ansprechpersonen – Erwachsene oder andere Kinder.

Leseförderung bedeutet immer auch Zuwendung und Kommunikation – auch zum Erreichen der in den **Standards 1 und 7** beschriebenen Fähigkeiten braucht das Kind Anregungen von Bezugspersonen: qualitätsvolles Vorlesen seitens Erwachsener, Buchvorstellungen, Bibliotheksbesuche und verschiedenste Aktivitäten, die es zum Lesen motivieren und ihm helfen, selbstständig einen kulturellen Zugang zu finden.

Die in den Lesestars angebotenen Anregungen können dazu einen kleinen Beitrag leisten, etwa bei den Logos, die ein durchgehendes Angebot in allen Kapiteln sind.

Kompetenzbereich: Hören, Sprechen und Miteinander-Reden (HSR)

Die Kompetenzen Hören, Sprechen und Miteinander-Reden sind im Deutschunterricht aufs Engste verknüpft. Bei den Minireferaten lernen die Kinder, Informationen einzuholen und an andere weiterzugeben (HSR 2.2).

Diese Weitergabe erfolgt idealerweise verständlich, ausdrucksvoll und an der Standardsprache ausgerichtet (HSR 6.1). Deshalb sind die immer wiederkehrenden Minireferate dazu geeignet, Informationen aus Texten zu entnehmen (L 3.1, 3.2). Sie regen aber auch an, das erlesene Wissen kommunikativ weiterzugeben und somit die erwähnten Kompetenzen im Bereich Hören, Sprechen und Miteinander-Reden (HSR) zu stärken. Besonders deutlich wird die Verknüpfung zwischen den beiden Kompetenzbereichen auch bei den Übungen „Wörter erforschen – über Wörter nachdenken". Hier führt die Informationsentnahme (L 3.2) zum Erweitern eines aktiven, altersadäquaten Wortschatzes. (HSR 5.1)

Das Spielen mit Sprache und das Erzählen von Witzen verknüpft die Kompetenzen HSR 6.2 und L 5.1.

Übersichtlich finden Sie in den Fußzeilen die Auflistung jener Bildungsstandards, die mit den Übungen der jeweiligen Seite trainiert werden.

In Martins Klasse gibt es jeden Freitag eine Klassenkonferenz. In der letzten Stunde setzen sich alle Kinder in die Gesprächsecke. In dieser Woche leitet Anja die Konferenz. Sie hat Kärtchen vorbereitet, die sie nun auf den Boden legt.

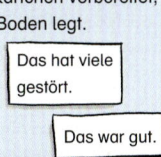

Wünsche für die nächste Zeit

Das hat viele gestört.

Das war gut.

Jedes Kind erhält einen Muggelstein und überlegt, auf welches Kärtchen es ihn legen möchte. Diese Woche gab es einen Streit zwischen Habibe und Lisa. Zum Glück vertragen sich die beiden wieder. Selim fand die Experimente toll. Die meisten Kinder überlegen nicht lange, für welches Thema sie sich entscheiden. Schon bald kann Anja das Kärtchen mit den meisten Muggelsteinen hochheben: Wünsche für die nächste Zeit.
Die Konferenz kann beginnen: Gleich melden sich einige Kinder und berichten von neuen Ideen und Wünschen.

Wörter erforschen – über Wörter nachdenken – Wörter sammeln

Thema: Dieses Fremdwort kommt aus der griechischen Sprache. Einzahl: **Thema**; Mehrzahl: **Themen**

- Ein **Thema** ist ein Stoff für ein Gespräch, ein Referat oder einen Aufsatz.
- Die Kinder hatten bei der Schularbeit drei **Themen** zur Auswahl.

Auch die Wörter **Therme** (= heiße Quelle) und **Thron** (= Königsstuhl) stammen aus der griechischen Sprache. Das kannst du am Wortanfang **Th** erkennen.

---

1 Für jede Konferenz gibt es ein Thema.
Welches Thema passt nicht für eine Klassenkonferenz? Kreuze an!

Steffi stört es, dass es beim Lernen in der Klasse sehr laut ist.	○
Rasim will von einem Unfall auf der Autobahn berichten.	✗
Carlo will von seinem Urlaub in den Bergen erzählen.	✗
Ina möchte eine Idee für die Projektwoche vorstellen.	○
Theo will über einen neuen Sitzplan abstimmen.	○
Seyma will ihr Lieblingsbuch vorstellen.	✗

2 Bilde zusammengesetzte Namenwörter und lies sie möglichst schnell!
Steigere dein Tempo!

Gesprächs-	Muggel-
Bastel-	Erzähl-
Sitz-	Bau-
Lese- **-ecke**	Ziegel- **-stein**
Mal-	Sand-
Bau-	Kiesel-

3 Welche Satzteile passen zusammen? Nummeriere sie!

1	Gülsen will sich		2	nie am Gespräch.
2	Roman beteiligt sich		3	mit Anja zu diskutieren.
3	Liv und Ina weigern sich,		1	bei Carlo entschuldigen.
4	Hanna möchte mit Ina		5	Theo als Freund.
5	Leo wünscht sich		6	häufig zu Wort.
6	Umur meldet sich		4	das Gespräch leiten.

---

4 Anja sammelt Wünsche und Ideen, die die Kinder vorbringen.
Was ist sinnvoll und könnte verwirklicht werden? Kreuze an!

✗	Bakin schlägt vor, ein Aquarium einzurichten.
	Peter will, dass der Unterricht erst um 10 Uhr beginnt.
✗	Martin möchte eine andere Tischordnung ausprobieren.
✗	Melda möchte, dass Kinder ihre Springschnüre für die Pause mitbringen.
	Georg will, dass in der Bauecke nur Buben bauen dürfen.
✗	Anna möchte einen Bücherflohmarkt machen.

Gedichtvortrag

Lies das Gedicht und überlege, wem du es vortragen möchtest!

INFOS SEITE 5

Weil Anna Murmelaugen hat
Ich möchte neben Anna sitzen
und würde ihr immer die Stifte spitzen
aber sie bricht keinen ab
was für ein Pech ich hab!

Walther Petri

Hier ein paar Tipps zum Vortragen eines Gedichtes:

- Sprich langsam, laut und deutlich!
- Versuche das Gedicht so zu betonen, dass es gut verstanden werden kann!
- Betone die Reimwörter am Ende der Zeile nicht zu stark!
- Überlege, ob das Gedicht lustig oder traurig ist oder zum Nachdenken einlädt, und setze deine Stimme dafür richtig ein!

Du kannst auch ein anderes Gedicht für deinen Vortrag auswählen.

Interessantes und Seltsames

Manchmal darf man in der Klassenkonferenz auch über etwas erzählen, was man sehr interessant findet. Martin hat Beispiele mitgebracht, die zeigen sollen, dass wir unseren Augen nicht immer trauen können.
Er zeigt ein Bild und bittet die Kinder zu erzählen, was sie sehen. Fast alle Kinder sehen das Gesicht einer alten Frau mit einer Hakennase. Nur Anja sieht den Kopf einer jungen Frau mit langen Haaren von hinten. Alle staunen und bemühen sich, die junge Frau auch zu sehen.
Martin zeigt noch ein zweites Bild eines Holzgerüstes. Ein Rahmen geht durch ein Brett. Aber kann das wirklich so sein? Wo ist hier vorne und hinten? Das ist wirklich interessant.
Alle bedanken sich bei Martin für den spannenden Beitrag.

Decke den Text nun ab! Was kannst du zu diesen Wörtern erzählen?

den Augen trauen   Hintergrund – Vordergrund

Lies und rechne!

Roman hat eine neue Tischordnung vorgeschlagen, bei der immer 6 Kinder in einer Gruppe zusammen sitzen können. Das geht sich in der Klasse genau aus.
Seine Klasse besuchen mehr als 20 Kinder aber weniger als 26 Kinder.
Wie viele Kinder sind in Romans Klasse?
Schreibe eine passende Rechnung dazu auf!

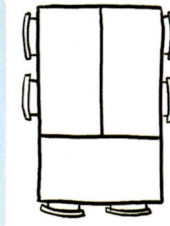

4 · 6 = 24 Kinder in der Klasse

Vorige Woche beschlossen mein Vater, meine zwei klunkigsten Freunde und ich, einen Ausflug zu machen. Wir klunkten lange nach, wohin wir klunken sollten. Da hatte Martin eine Klunk: „Wir klunken an den Forstsee!" Wir stimmten sofort zu und klunkten unsere Rucksäcke. Wir nahmen Getränke und drei Wurstklunke als Jause mit. Schnell holten wir unsere vier Klunke aus dem Keller und klunkten los. Am Forstsee waren nur wenige Klunke und wir suchten uns einen schattigen Klunk aus. Wir klunkten und tauchten und genossen den Nachmittag. Als wir am Klunk zu Hause ankamen, erzählten wir unseren Eltern von unserem klunkigen Ausflug.

 Wörter erforschen – über Wörter nachdenken – Wörter sammeln

Die Wörter **beschlossen** und **genossen** sind Vergangenheitsformen der Zeitwörter **beschließen** und **genießen**. Sie unterscheiden sich sehr in ihrer Sprech- und Schreibweise.

Wenn man etwas **beschlossen** hat, dann wird es auch durchgeführt.
Wenn man etwas **genossen** hat, hat man Schönes oder Gutes bewusst erlebt.

1 Alles KLUNK?
Im Text sind manche Wörter durch „Klunk", „klunken" oder „klunkig" ersetzt. Kannst du dir beim Lesen die passenden Wörter denken, die stattdessen stehen könnten? Notiere ein paar Vorschläge!

wir klunkten nach: *wir dachten nach, wir überlegten*
wir klunkten los: *wir fuhren los, wir starteten los*

Ein klunkiger Ausflug

2 „ERKLUNKST" du die Wörter? Streiche alle KLUNK und KLUNKIG und lies nochmals schnell, was übrigbleibt!

~~KLUNK~~AUSFLUG~~KLUNK~~JAUSE~~KLUNK~~RUCKSACK~~KLUNK~~NACHMITTAG~~KLUNKIG~~FORSTSEE~~KLUNK~~ELTERN~~KLUNKIG~~FREUNDE~~KLUNKIG~~LOS~~KLUNKIG~~GETRÄNKE~~KLUNK~~BESCHLOSSEN~~KLUNKIG~~WOCHE~~KLUNK~~SCHATTIG~~KLUNKIG~~TAUCHEN~~KLUNK~~KELLER~~KLUNK~~~~KLUNK~~

3 Lies die versteckten Wörter! Die grauen Felder helfen dir!
Findest du noch ein weiteres Wort? Achtung: Die Buchstaben müssen der Reihe nach verwendet werden.

N	A	C	H	M	I	T	T	A	G
				M	I	T	T	A	G
						T	A	G	
N	A	C	H			T			
			M	I	T				
	A	C	H			T			
	A			M		T			
			M			A	G		

F	O	R	S	T	S	E	E
F	O	R	S	T			
					S	E	E
				T	E	E	
		O	R	T			
F					E	E	
F	O	R		T			
	O		S	T			

4 Ersetze „klunken" durch ein Zeitwort und lies die Wortgruppen möglichst schnell! Steigere dein Tempo!

klunken und tauchen
klunken und trinken
klunken und weinen
klunken und sägen
klunken und schreiben
klunken und tanzen

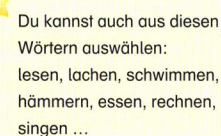 Du kannst auch aus diesen Wörtern auswählen: lesen, lachen, schwimmen, hämmern, essen, rechnen, singen …

Ein klunkiger Ausflug

5 Was passt nicht zum Text auf Seite 10? Kreuze an!

ein klunkiger Ausflug	○ ein lustiger Ausflug ✗ ein gefährlicher Ausflug ○ ein schöner Ausflug
wir klunkten los	○ wir fuhren los ✗ wir liefen los ○ wir sausten los
nur wenige Klunke	○ wenige Buben ○ wenige Menschen ✗ wenige Teilnehmer
ein schattiger Klunk	○ ein schattiger Ort ✗ ein schattiger Gastgarten ○ ein schattiger Badeplatz

 Vortrag: Werbung für den Forstsee
Wem möchtest du folgenden Werbetext über den Forstsee präsentieren? Du kannst den Text natürlich auch erweitern oder einen eigenen Werbetext erfinden.

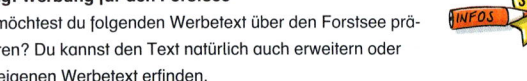

Naturparadies Forstsee
Besuchen Sie den Forstsee inmitten unberührter Natur! Ein Waldsee mit schattigen und sonnigen Uferplätzen lädt Sie zum Ausrasten und Erholen ein.
Das klare Wasser ist zum Schwimmen und Tauchen, aber auch zum Angeln geeignet. Am feinsandigen Strand kann man sogar Burgen bauen. Zahlreiche Stationen zum Balancieren, Klettern und Springen lassen alle Herzen höher schlagen. Besonders Abenteuerlustige können sogar in einem Baumhaus übernachten.
Der Forstsee: Ein Erlebnis für Jung und Alt!

Ein klunkiger Ausflug

A Findest du das Wort, das den Sinn stört? Ersetze es und lies den Text dann nochmals mit dem neuen Wort!

Alle waren von Martins Idee begeistert. Sie radelten los und waren nach kurzer Zeit beim Forstsee angelangt. Dort stellten sie ihre Räder ab. Die drei Buben sprangen gleich ins Wasser. Sie plantschten und tauchten und versuchten, möglichst lange unter Wasser zu bleiben. Der See war angenehm warm und so wurde ihnen ~~gleich~~ *nicht* kalt.
Nachdem sie aus dem Wasser gestiegen waren, genossen sie die Getränke und mitgebrachten Wurstbrote. Erst am Abend radelten alle wieder nach Hause.

R Vergleiche die Angebote! Welcher Bade-Urlaub am Forstsee für eine Familie mit zwei Kindern ist am billigsten? Schreibe die Rechnung auf und kreuze an!

Reisemax ☐
Doppelzimmer / Woche € 470,-
(inklusive Frühstück)
Bis zu zwei Kinder im Zimmer gratis!
Badeplatzbenützung € 7,- pro Person und Woche.
$7 \cdot 4 = 28$ $470 + 28 = \underline{498}$

Auf und davon ☐
Familienzimmer / Woche € 370,-
(inklusive Frühstück)
Kinder bezahlen € 70,- / Woche
Badeplatzbenützung gratis!
$70 \cdot 2 = 140$ $140 + 370 = \underline{510}$

Erlebnisreisen ✗
Baumhaus / Woche € 350,-
Frühstück gegen Aufpreis:
Erwachsene € 5,- / Tag,
Kinder € 3,- / Tag
Badeplatzbenützung € 35,- pro Familie und Woche
$5 \cdot 7 = 35$ $35 \cdot 2 = 70$
$3 \cdot 7 = 21$ $21 \cdot 2 = 42$
$350 + 35 = \underline{385}$
$\underline{497}$

Linus steht aufgeregt in Innsbruck am Bahnsteig und erwartet seine Kusine Carina. Sie ist um zwei Jahre älter als er und wird bald ihren 12. Geburtstag feiern. Als die beiden noch nebeneinander wohnten, spielten sie täglich miteinander und waren unzertrennlich. Drei Jahre lang lebte Carina dann mit ihren Eltern in China, weil diese dort arbeiteten. Seit einem Jahr ist die Familie wieder zurück in Österreich und wohnt nun in einem Reihenhaus im Süden der Stadt Salzburg.
Es ist Carinas erster Besuch bei Linus und sie kommt ganz alleine. Der Zug fährt ein und die Türen öffnen sich. Während Linus suchend herumblickt, klopft ihm Carina plötzlich von hinten auf die Schulter. Bepackt mit einem großen Rucksack und einem Einrad in der Hand steht sie da und strahlt Linus entgegen. Schon bei der Begrüßung spüren die Kinder, dass sie sich noch genau so gut verstehen wie früher.

✓ **Wörter erforschen – über Wörter nachdenken – Wörter sammeln**

Reihenhaus: Man spricht von einem Reihenhaus, wenn mindestens drei gleich gestaltete Häuser direkt nebeneinander gebaut sind.

Einrad: Dieses Sportgerät besteht aus nur einem Rad mit Sattel und wird mit Pedalen angetrieben. Artisten im Zirkus und Straßenkünstler zeigen damit oft Kunststücke.

---

1   **Im Text findest du viele Informationen über Linus und Carina. Kreuze an, was du erfahren hast!**

- [X] Linus mag seine Kusine sehr.
- [X] Linus ist jünger als Carina
- [X] Carinas Eltern haben drei Jahre im Ausland gearbeitet.
- [ ] Carina darf zwei Wochen in Innsbruck bleiben.
- [ ] Die beiden Kinder verstehen sich nicht mehr so gut.

2   **Hast du genau gelesen? Kreise ein, was stimmt!**

Carina ist seit ihrer Geburt	einmal / (zweimal) / dreimal	umgezogen
Carina ist	(das erste Mal) / das zweite Mal / bereits öfter	mit dem Zug zu Linus nach Innsbruck gefahren
Linus erwartet seine	Schwester / Schulfreundin / (Kusine)	am Bahnsteig

3   **Bei diesen Sätzen fehlt etwas: Vergleiche mit dem Text und sprich dann die vollständigen Sätze aus dem Gedächtnis! Die Wörter im Kasten helfen dir.**

Linus steht am Bahnhof und erwartet Carina.
Sie ist älter als er und wird bald ihren Geburtstag feiern.
Als die beiden noch im Haus wohnten, spielten sie miteinander und waren unzertrennlich.
Seit vier Monaten ist die Familie zurück und wohnt nun in einem Reihenhaus im Süden Salzburg.
Während Linus herumblickt, klopft ihm Carina auf die Schulter.

aufgeregt
12.
selben
täglich
wieder
der Stadt
suchend

---

4   **Finde das Wort, das nicht zur Vorsilbe Be- passt und streiche es! Es hilft dir, wenn du dir Sätze mit den Wörtern ausdenkst. Lies nochmals die vollständigen Wörter!**

-strafung   -leuchtung   -schreibung   -kleidung
-merkung   -nützung   -grüßung
-deutung   **Be-**   -notung   ~~-hitzung~~
-arbeitung   -malung   -sichtigung   -wässerung
-rechnung

5   **Markiere die gleichen Wortteile! Lies jede Dreiergruppe dreimal jeweils in einer anderen Reihenfolge!**

Bahn<u>steig</u>	Kletter<u>steig</u>	Geh<u>steig</u>
Bahn<u>hof</u>	Bauern<u>hof</u>	Burg<u>hof</u>
Ein<u>rad</u>	Fahr<u>rad</u>	Drei<u>rad</u>
Ein<u>stieg</u>	Aus<u>stieg</u>	Auf<u>stieg</u>
Reihen<u>haus</u>	Baum<u>haus</u>	Schutz<u>haus</u>
Reihen<u>folge</u>	Zahlen<u>folge</u>	Buchstaben<u>folge</u>

Entschuldigen Sie, Herr Schaffner! Kann man an der nächsten Station etwas essen?
Selbstverständlich, mein Herr.
Gibt's dort auch kühle Getränke?
Auch das.
Und wie lange haben wir dort Aufenthalt?
Gar keinen. Der Zug fährt durch!

R   **Lies nach, denke und rechne! Kreuze die Lösung an!**

Einmal war Carina doppelt so alt wie Linus. Vor wie viel Jahren war das?

vor 4 Jahren   vor 6 Jahren   vor 8 Jahren

Carina ist um 10:02 Uhr in Salzburg weggefahren. Der Zug kam 5 Minuten verspätet um 11:56 in Innsbruck an. Wie lang hätte die Fahrt normalerweise gedauert?

1:49 Stunden
1:54 Stunden
1:59 Stunden

Im Zirkus treten Fahrradkünstler auf. Fünf fahren mit normalen Fahrrädern, drei mit Einrädern. Hoch oben in der Zirkuskuppel fährt sogar ein Mann mit einem Fahrrad über ein dünnes Seil. Wie viele Räder kann man bei dieser Zirkusnummer zählen?

17   15   14

L   **Einräder**

Einrad fahren kann man fast in jedem Alter erlernen. Wer es einmal kann, wird es nie mehr verlernen. Es ist empfehlenswert, zu Beginn zusammen mit zwei Freunden zu üben. Diese können dich seitlich festhalten, sodass du nicht umkippst. Auch wenn es dir am Anfang schwerfällt, sollst du versuchen, beim Fahren nicht auf den Boden, sondern geradeaus zu schauen. Weil das Lernen nicht ohne kleine Stürze geht, sollst du an Helm, Knie und Ellbogenschützer denken. Einräder gibt es in vielen verschiedenen Größen und Arten. Besonders Geübte können sogar mit einem Mountain-Bike-Einrad bergab fahren.

Decke den Text nun ab! Was kannst du zu diesen Wörtern erzählen?

Freunde   geradeaus schauen   Schutzkleidung

Burgen
Eine Burg brauchte starke Mauern

1 Burgen sollten den Menschen, die ringsum wohnten, größtmöglichen Schutz bieten. Sie wurden deshalb an unzugänglichen Stellen erbaut, zum Beispiel auf hohen Felsen, Berg- kuppen oder auf Inseln. Meist erhielten Burgen noch zusätzliche Schutz- vorrichtungen. Das waren vor allem Mauern, Türme und Gräben. Die Haupt- mauer einer Burg war zwischen drei und acht Meter dick.

2 An leicht angreifbaren Stellen wurden sehr hohe und starke Mauern ohne Öffnungen errichtet. Manchmal wurden auch Innen- und Außenmauern in

3 geringem Abstand voneinander gebaut. In die Zwischenräume wurden dann Steine und Erde gefüllt, um die Mauern besonders stark zu machen.

Die Burgtore wurden besonders geschützt

Den Abschluss der Mauern bildeten hohe und niedrige Steinzacken. Hinter diesen „Zinnen" konnten sich die Verteidiger gut verstecken. Die Tore der Burgmauer mussten besonders geschützt werden. Deshalb baute man hier Steinvorsprünge, die wie Nasen aussahen und aus der Mauer

4 hervorragten. Aus diesen „Pech- nasen" konnten die Verteidiger heißes Pech schütten und so die Feinde vor den Toren vertreiben.

Türme waren wichtig

Die Türme einer Burg dienten dem weiten Blick über das Land. Die Mauern hatten Türme, von denen die Burgwachen die Feinde schon von Weitem sehen konnten. Auch innerhalb der Burg gab es einen stark befestigten Turm, den Bergfried. In diesem Wehrturm waren die Burgbe- wohner auch dann noch sicher, wenn die Feinde bereits in die Burg eingedrungen

5 waren. Im Inneren des Turmes war eine Wendeltreppe, die zur Turmspitze führte. Von dort konnte man die Feinde mit Steinen beschießen oder auch mit Pfeil und Bogen abwehren.

 W Wörter erforschen – über Wörter nachdenken – Wörter sammeln

Das Eigenschaftswort **un – zu – gäng – lich** bedeutet, dass es keinen Zugang gibt, dass der Weg zum Ziel versperrt ist.
Die **Vorsilbe un-** weist auf die Verneinung hin.
Die **Nachsilbe -lich** macht aus dem Namenwort „Zugang" ein Eigenschaftswort.
Kannst du auch das Wort **unfreundlich** so erklären?

1 Lies, suche die passende Textstelle und trage die Ziffer ein!

4	Durch heißes Pech wurden die Feinde vor den Toren vertrieben.
2	Leicht angreifbare Stellen wurden durch besonders starke Mauern geschützt.
3	Steine und Erde in den Zwischenräumen machten die Mauern besonders fest.
5	Über die Wendeltreppe gelangte man zur Turmspitze.
1	Burgen wurden an besonders schwer zugänglichen Stellen erbaut.

---

2 Wörter knacken

Neuer Anfang: Tausche bei den folgenden Wörtern die Anfangsbuchstaben so aus, dass neue Wörter entstehen! Trage ein!

RITTER	VASE	FÜLLE	LÖWE
GITTER	**N**ASE	**H**ÜLLE	**M**ÖWE

Neuer Zweiter: Tausche bei den folgenden Wörtern den zweiten Buchstaben so aus, dass neue Wörter entstehen! Trage ein!

BURG	BACH	LACHT	MOND
B**E**RG	B**U**CH	L**I**CHT	M**U**ND

Neuer Dritter: Tausche bei den folgenden Wörtern den dritten Buchstaben so aus, dass neue Wörter entstehen! Trage ein!

BOGEN	STIRN	DRECK	MASKE
BO**D**EN	ST**E**RN	DR**U**CK	MA**R**KE

3 Klettere mit deinen Augen die Burgmauer hinauf!
Steigere dein Tempo!

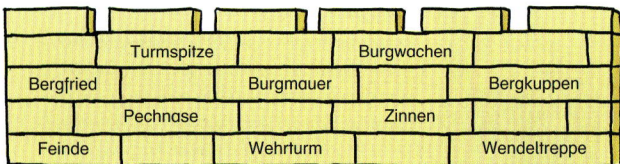

	Turmspitze		Burgwachen	
Bergfried		Burgmauer		Bergkuppen
	Pechnase		Zinnen	
Feinde		Wehrturm		Wendeltreppe

4 In jeder Zeile passt ein Wort nicht in die Reihe. Streiche es durch!

dicke	hohe	niedrige	~~weiche~~	dünne	Mauern
hohe	schmale	runde	eckige	~~fruchtige~~	Türme
tapfere	~~feige~~	~~grüne~~	mutige	müde	Ritter
hohe	breite	schmale	enge	~~lustige~~	Tore
schnelle	langsame	~~spannende~~	wilde	zahme	Pferde

E Minireferat: Festliches Leben auf einer Burg

Innerhalb der gut geschützten Burg verlief das Leben meist recht friedlich. Manchmal gab es sogar Burgfeste und Ritterturniere. Dazu gehörten auch lange und ausgelassene Festessen. Während eines Festmahls führten Schauspieler und Akrobaten ihre Kunststücke vor, Minnesänger traten auf und es wurden oft bis zu fünfzig verschiedene Speisen bei einem Mahl serviert. Manche Speisen wurden sogar parfümiert. Getränke verfeinerte man mit Gewürzen.
Auch festliche Kleidung war wichtig. Kaufleute, die von Burg zu Burg zogen, boten dafür edle Stoffe, Wolle und Tücher aus fernen Ländern an.

Welchen Titel für ein Minireferat findest du interessant?
▶ *So sah eine Ritterburg aus* (Dabei hilft dir auch der Sachtext der vorhergehenden Seiten)
▶ *So verlief ein Ritterturnier* (Sammle Informationen aus dem Internet oder aus Sachbüchern!)

A Findest du das Wort, das den Sinn stört?
Ersetze es und lies den Text dann nochmals mit dem neuen Wort!

Jakob und Julia besichtigen mit ihren Eltern eine Burgruine. Leider gibt es nur mehr Mauerreste, einen alten Brunnen und einen ~~Ritter~~ zu besichtigen. *Turm* Auf diesen kann man hinaufsteigen. Eine enge Wendeltreppe führt den finsteren Gang bis zur Turmspitze hinauf. Jakob und Julia sind froh, als sie oben angelangt sind. Auf der Aussichtsplattform hat man einen guten Überblick über die ganze Gegend. Die beiden Kinder gehen langsam rundherum und schauen, bevor sie wieder absteigen.

Heute will ich einmal traurig sein

Heute will ich einmal traurig sein.
Heute hab ich keine Lust zu lachen.
Heute bleib ich bloß mit mir allein,
heute will ich keine Witze machen.

Und wer mich tröstet, ist gemein,
der kann gleich wieder gehen.
Ich will heut einfach traurig sein,
das wird man doch verstehen.

Martin Auer (gekürzt)

**Wörter erforschen – über Wörter nachdenken –
Wörter sammeln**

der Trost – trösten – tröstlich: Was ist für dich ein **Trost**,
wenn du traurig bist?
Es ist schön, wenn man jemand, der traurig ist, **trösten**
kann. Man kann jemand mit **tröstlichen** Worten wieder
aufmuntern und ermutigen.
Ein **Trostpreis** kann einem helfen, wenn man darüber unglücklich ist,
dass es dieses Mal nicht so gut geklappt hat.

1 **Was will das Gedicht sagen? Kreuze die richtige Aussage an!**

☐ Bitte hilf mir!
☐ Teile mit mir deinen Kummer!
☒ Lass mich in Ruhe!
☐ Tröste mich!
☐ Hilf mir, fröhlich zu werden!

Martin Auer: Heute will ich einmal traurig sein. In: Ders.: Lieblich klingt der Garten-
schlauch. Stuttgart: Thienemann Verlag 1999

HSR 5.1
L 3.2

---

2 **Lies die erste Strophe des Gedichts und überlege: Welche Aussagen passen
dazu? Kreuze an!**

☒	Man muss nicht immer lustig sein.
	Man will im Augenblick nicht getröstet werden.
	Man will jemanden ärgern.
☒	Man will manchmal alleine sein.
	Man will mit niemandem über seinen Kummer reden.

3 **Erkennst du die Wörter? Ergänze die Anfangsbuchstaben
und lies die Wörter möglichst schnell!**

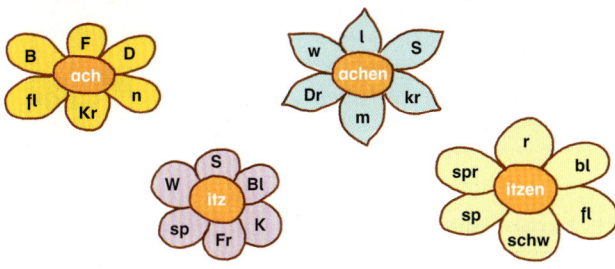

4 **Spring mit den Augen und verbinde die passenden Reimzeilen!**

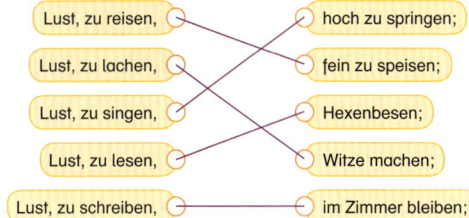

Lust, zu reisen, — hoch zu springen;
Lust, zu lachen, — fein zu speisen;
Lust, zu singen, — Hexenbesen;
Lust, zu lesen, — Witze machen;
Lust, zu schreiben, — im Zimmer bleiben;

L 3.2, 3.4, 3.7

**Heute will ich keine Witze machen …
Möchtest du jemand zum Lachen bringen?**

Bei der Feuerwehr klingelt das Telefon.
„Es brennt, es brennt!", ruft eine aufgeregte
Männerstimme.
„Beruhigen Sie sich, mein Herr", sagt der
Feuerwehrmann, „aber wie kommen wir denn
zu Ihnen hin?"
„Wieso?", fragt der Anrufer zurück. „Haben Sie
denn nicht mehr Ihre roten Autos?"

Eine Frau und ein Hund spielen im Park Schach.
Passant: „Sie haben aber einen klugen Hund!"
Frau: „Wieso, er verliert doch dauernd."

Tante Marlene schreibt einen Brief.
„Warum schreibst du denn so langsam?",
erkundigt sich Elke.
„Weißt du, mein Kind, den Brief bekommt
mein Neffe Simon. Der ist erst sieben Jahre alt
und kann nur ganz langsam lesen."

„Hallo, Moritz! Wie geht dein neues Fahrrad?"
„Mein neues Fahrrad geht nicht, es fährt."
„Und wie fährt es?"
„Es geht."

HSR 6.2
L 2.1, 3.4

R **Lies, rechne und kreuze an!**

TROSTPREIS
Susi darf jeden Tag einen Buchstaben dieses Wortes anmalen. Sie beginnt
damit am Montag. An welchem Wochentag ist sie fertig?

Montag	Dienstag	Mittwoch	Donnerstag	Freitag	Samstag	Sonntag

TRÖSTEN
Egon malt alle 15 Minuten einen Buchstaben dieses Wortes an. Er beginnt
gleich nach dem Frühstück um 7.15 Uhr. Wann hat er es geschafft?

08.30	08.45	09.00	09.30	10.00

TROST
Weil Hanna bei einem Ausflug nicht mitfahren kann, laden ihre
drei Freundinnen sie zum Trost ins Kino ein. Die Kinokarte kostet
8,50 €. Eine Freundin zahlt um 10 Cent mehr, weil sich der Betrag
nicht restlos durch 3 teilen lässt. Wie viel zahlt diese Freundin
insgesamt?

2,80 €
2,90 €
3,00 €

L **Gefühle**
Die Gefühle sind meistens am Gesichtsausdruck
zu erkennen. Wenn ein Mensch traurig ist, erkennt
man das meistens schon an seinem Gesicht.
Wer sich über etwas freut oder gut gelaunt ist, wird
strahlend seinen Weg gehen, denn gute Gefühle
sorgen für ein strahlendes Aussehen. Die Gefühle
kann man nur schlecht verbergen: Wenn jemand
niedergeschlagen ist und trotzdem lächelt, erkennt
man das wahre Gefühl meistens an den Augen, die nicht mitlächeln. Wer gut
gelaunt ist, kann unmöglich ein ernstes Gesicht machen.

Decke den Text nun ab! Was kannst du zu diesen Wörtern erzählen?

gute Laune   Gesichtsausdruck   mit den Augen lächeln

HSR 2.2, 6.2
L 2.1, 3.1, 3.2, 5.1

Geburtstag feiern

L

1 Lesen und vergleichen: Wie möchtest du deinen Geburtstag feiern?

Geburtstagsspaß für Mutige

Wir bieten dir und deinen Gästen eine große Halle mit genügend Platz für alle möglichen Spielideen.
Spielgeräte wie Hüpfbälle, Pedalos und sogar eine Hüpfburg stehen zur Verfügung. Als Höhepunkt können alle Kinder an unserer Kletterwand erste Kletterversuche machen. Für Profis gibt es besondere Griffe und Schrittfolgen. Alle Kletterer sind durch Klettergurte und Seile gesichert.
▸ Du kannst bis zu 12 Kinder im Alter von 8 bis 12 Jahren mitnehmen.
▸ Der Eintritt beträgt pro Kind € 7,00.
▸ Geburtstagskuchen und gute Laune sind selbst mitzubringen!

2 **Ein Fest für Feinschmecker**

Pizzabacken mit Freunden und Freundin-nen – jedes Kind darf seine Pizza selbst formen und mit seinen Lieblingszutaten belegen! Und beim Essen gibt es doppel-ten Spaß, denn während ihr eure Pizza genießt, könnt ihr das Video vom Kochen ansehen, das die automatische Kamera aufgenommen hat. Das Geburtstagskind bekommt den Film als Geschenk gratis. Alle übrigen von 6 bis 99 Jahren können ihn um € 15,00 erwerben.

3 **Party für Wissbegierige im Weltraumstudio**

Begib dich mit deinen Gästen ins Reich der Sterne und Planeten! In einer Licht- und Tonshow kannst du fremde Galaxien erforschen und von Planet zu Planet reisen. Miniroboter darfst du selbst steuern und die Bahnen der Satelliten auf dem Computer verfolgen. Im Eintrittspreis (€ 17,00) sind auch noch Kuchen und Saft enthalten.

W Wörter erforschen – über Wörter nachdenken – Wörter sammeln

Satellit: Ein Satellit umkreist einen Himmelskörper auf einer fixen Bahn. Der Mond ist ein Satellit. Als ständiger Begleiter umrundet er unsere Erde.
Es gibt auch künstliche **Satelliten**, die von Menschen gebaut wurden. Sie umkreisen die Erde und haben verschiedene Aufgaben, wie zum Beispiel, das Wetter zu beobachten, Funkdaten für Telefone weiterzuleiten oder Fernsehprogramme zu übertragen.
Das Wort **Galaxie** kommt aus der griechischen Sprache und bedeutet eigentlich „Milchstraße". Damit meint man ein großes Sternensystem. Unser Sonnensystem ist nur ein kleiner Teil der Galaxie „Milchstraße".

1 Beantworte die Fragen zum Text! Kreuze an!

	ja	nein
Bei jedem Angebot gibt es etwas zu essen.		✗
Bei einem Angebot bekommt das Geburtstagskind ein Geschenk.	✗	
Jedes Angebot ist auch für Schlechtwetter geeignet.	✗	
Für jedes Fest braucht man eine besondere Kleidung.		✗
Tina wird 6 Jahre alt. Kann sie jedes Angebot nützen?		✗
Bei zwei Angeboten wird gefilmt.		✗

Geburtstag feiern

2 Springe mit deinen Augen und suche das Wort in allen drei Spalten!

Pedalos	Hüpfburg	Satellit
Galaxien	Planet	Computer
Satellit	Galaxien	Hüpfburg
Video	Pedalos	Kamera
Kamera	Computer	Video
Planet	Video	Planet
Computer	Satellit	Pedalos
Hüpfburg	Kamera	Galaxien

3 So viele Planeten! Welche Wörter kannst du aus den Buchstaben bauen? Kreuze an!

✗ Satellit
✗ Galaxien
✗ Pedalos
✗ Video
○ Kamera
○ Hüpfburg
✗ Planet
✗ Computer

A Findest du das Wort, das den Sinn stört?

Ersetze es und lies den Text dann nochmals mit dem neuen Wort!

Udo ließ sich seine Pizza mit Schinken, Käse, Tomaten und Speck gut schmecken. Toni wollte nur Schinken und Tomaten. Murat genoss seine Pizza mit Schinken, Käse und fünf kleinen Oliven. Die wollte Mira auch ~~trinken~~. Sie hatte aber Eier, Salami und Pfefferoni auf ihrer Pizza. *essen*
Alle Kinder wurden satt.

4 Wer war bei welchem Fest? Schreibe die Nummer des Angebotes (Seite 26/27) in die Kästchen!

2 Wir sahen aus wie Mehlgespenster.
1 Ich hatte einen Muskelkater.
2 Trotz meiner Höhenangst habe ich alles ausprobiert.
2 Über den Film haben wir sehr gelacht.
3 Ich habe einen Minicomputer gesteuert.

R Lies und rechne!

Unterstreiche die Hinweise, die du für deine Rechnung brauchst! Schreibe die Rechnung auf!

Ulf hat zu seinem Geburtstagsfest <u>sieben Kinder</u> ins <u>Weltraumstudio</u> eingeladen.
Für das <u>Geburtstagskind</u> war der Eintritt <u>gratis</u>.
<u>Ein Kind</u> hatte eine Dauerkarte und musste <u>nur € 5,00</u> bezahlen.
Wie viel kostete der Eintritt für alle?

$6 \cdot 17 = 102$

$102 + 5 = 107\,€$

Barbara hat <u>acht Kinder</u> in die <u>Kletterhalle</u> eingeladen. Jedes Kind bekam zwei Gläser Limonade. Ein Glas kostete € 2,00.- Barbaras Mutter bezahlte mit einem 50-Euro-Schein. Wie viel Wechselgeld bekam sie heraus?

$2 \cdot 2 = 4 \qquad 9 \cdot 4 = 36$

$50 - 36 = 14\,€$ Wechselgeld

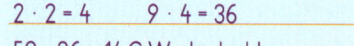

Katzenkönig Mauzenberger

Zwischen Katzen und Mäusen herrschte längst ewiger Friede. Die Katzen lebten in Katzenland und die Mäuse in Mäuseland. Grenzen gab es nur auf dem Papier. Jede Katze und jede Maus konnte in beide Länder ein- und ausreisen, wann und wo es ihr gefiel. Mäuseland war eine Republik. Die Katzen aber hatten einen König.

Er hieß Knoblauch Mauzenberger I. Die Hauptstadt von Katzenland war Katzenheim. Sie lag an einem Fluss, der Katz. In der Mitte der Stadt erhob sich ein steiler Berg – der Mauzberg. Auf diesem Berg stand eine Burg und in der Burg wohnte der Katzenkönig Mauzenberger. „Unser König Mauz", sagten die Katzen, wenn sie von ihm sprachen, „unser guter König Mauz!"

Erwin Moser/Ausschnitt

König Mauzenberger war bei Katzen und Mäusen gleichermaßen beliebt, denn er war es gewesen, der vor Jahren den ewigen Frieden mit dem Mäusevolk zustande gebracht hatte. Seither ging es allen gut. Katzen und Mäuse lebten friedlich nebeneinander und allen kam es vor, als ob das schon immer so gewesen wäre.

Erwin Moser (gekürzt)

L Möchtest du wissen, wie es weitergeht? Frage in der Bücherei nach diesem Buch:

Erwin Moser

Wörter erforschen – über Wörter nachdenken – Wörter sammeln

Republik: Dieses Wort ist ein Fremdwort. Es stammt aus der lateinischen Sprache. In einer Republik werden die Regierenden vom Volk gewählt. Diesen Wortteil findest du auch im Wort **Publik**um. Damit ist das Volk gemeint, das bei einer Aufführung zusieht – also die Zuschauer und Zuschauerinnen. **„publik"** (englisch: **public**) heißt öffentlich.

Erwin Moser: Katzenkönig Mauzenberger. Weinheim/Basel: Beltz & Gelberg 1986, S. 7

HSR 5.1
L 3.2

---

1 **Richtig oder falsch? Kreuze an!**

		R	F
König Mauzenberger	wohnte in einer Burg am Katzenberg.		X
	hatte den Frieden zwischen Mäusen und Katzen zustande gebracht.	X	
	regierte im Katzen- und im Mäuseland.		X
Die Stadt Katzenheim	lag an einem Fluss.	X	
	war die Hauptstadt vom Katzenland.	X	
	hatte einen Burgberg.	X	
Das Mäusevolk	lebte in Katzenheim.		X
	hatte einen König.		X
	lebte in Frieden mit den Katzen.	X	

2 **Lies die Sätze und steigere dein Tempo!**

Die Katzen lebten in Katzenland.
Katzenland lag neben Mäuseland.
Mäuseland war eine Republik.

Die Hauptstadt war Katzenheim.
Katzenheim lag an einem Fluss.
Der Fluss hieß Katz.

Auf dem Berg stand eine Burg.
In der Burg lebte ein König.
Der König hieß Mauzenberger.

Erwin Moser

3 **Achtung! Wechstabenverbuchslung! Wie schnell schaffst du diese seltsamen Wörter?**

Katzenkönig – Ketzankinög – Kötzenkanig – Kitzönkenag – Katzinköneg
Kitzankenög – Kötzankineg – Kitzenkönag – Katzönkenig – Ketzinkanög

L 2.1, 2.2, 3.1, 3.4

Setze die Reihen fort!

Mäusekönig – Königsschloss – berg – schuh

Katzenland – Landhaus – tür – schloss

Mäusevolk – Volksfest – zelt – stange

Hauptstadt – Stadtpark – bank – fach

Achtung! Zwei Wörter passen zu beiden Tieren. Kreuze an, was passt, und lies so: „Katzenpfote"!

	Katzen	Mäuse
Pfote	X	X
Schwanz	X	X
Fell	X	
Falle		X
Korb	X	
Klappe	X	

Überlege, was die Redewendungen bedeuten, und ordne die Nummern zu!

1	Der Bub macht eine Katzenwäsche.	5	Die beiden verstehen einander gar nicht.
2	Wie die Katze um den heißen Brei schleichen.	3	Das liegt ganz in der Nähe.
3	Das ist nur einen Katzensprung entfernt.	1	Er wäscht sich nicht gründlich.
4	Es war alles für die Katz'.	2	Nicht zum Kern einer Sache kommen.
5	Die beiden sind wie Hund und Katze.	4	Es war alles umsonst.

L 3.1, 3.4

E **Minireferat: Katzensinne** INFOS SEITE 5

Katzen haben einen sehr guten Gleichgewichtssinn. Deshalb können sie auf schmalen Leisten balancieren, ohne hinunter zu stürzen. Wenn sie fallen, landen sie immer auf ihren vier Beinen. Der Schwanz dient dabei als Steuer.

Katzen können sehr gut hören und sehen. Die großen Ohrmuscheln fangen die Schallwellen auf. Die Augen der Katzen sind so gebaut, dass sie auch bei Dämmerung und Dunkelheit noch sehr gut sehen können. Die Schnurrbarthaare dienen als Warnsystem.

So kann sich die Katze im Finstern bewegen, ohne irgendwo anzustoßen. Außerdem spürt sie damit jede kleinste Luftveränderung, die durch einen Gegenstand oder einen Feind ausgelöst wird.
Die Zunge ist für die Katze ein ganz wichtiger Körperteil, nicht nur zum Schmecken: Katzenzungen fühlen sich rau an, weil sie mit winzigen hornigen Stacheln besetzt sind. Damit können Katzen dann auch ihr Fell pflegen, Knochen abreiben und, wenn sie Durst haben, Wasser in den Mund „löffeln".

R **Lies und schreibe die Rechnung auf!**

„Wenn du eine Katze haben möchtest, musst du die alltäglichen Ausgaben von deinem Taschengeld bezahlen", meint Georgs Vater. „Tierarztkosten und die ersten Anschaffungen übernehme ich." Georg rechnet. Für das Fressen muss er täglich ca. 40 Cent ausgeben. Einmal im Monat braucht er für Katzenstreu 6 €. Sein monatliches Taschengeld beträgt 25 €. Wie viel bleibt Georg von seinem Taschengeld übrig? (1 Monat = 30 Tage)

$40 c \cdot 30 = 1200 c = 12 €$

$12 + 6 = 18 \qquad 25 - 18 = 7 €$ übrig

Futter: 40 Cent/Tag
Katzenstreu: 6 Euro/Monat

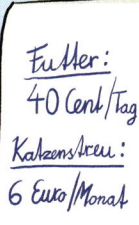

HSR 2.2, 6.2
L 3.2, 5.1

Die Lehrerin hat für die vierte Klasse Projekttage geplant. Sie will gemeinsam mit den Kindern entscheiden, wo sie diese verbringen wollen. In Gruppen sammeln die Kinder Ideen und suchen dann gemeinsam mit der Lehrerin passende Angebote. Prospekte, Zeitungen und das Internet helfen ihnen dabei. Jede Gruppe stellt ihre Idee vor und die Klasse stimmt ab. Zuletzt stehen vier Angebote an der Tafel, die gleich viele Stimmen bekommen haben:

> 1 „Rittertage" auf der Bergruine Herrenstein
> 2 Mithelfen auf einem Bauernhof
> 3 Klettern in einem Klettergarten
> 4 Zaubern und Jonglieren mit einem Zirkuskünstler

Die vier Vorschläge werden nun nochmals von den Kindern und der Lehrerin diskutiert. Welcher Vorschlag wird wohl angenommen werden?

W Wörter erforschen – über Wörter nachdenken – Wörter sammeln

Prospekt: Dieses Wort ist ein Fremdwort. Es stammt aus der lateinischen Sprache. Eigentlich bedeutet es „vorausschauen". Werbeschriften, Faltblätter und kleine Kataloge werden als **Prospekt** bezeichnet. Den Wortteil **Pro** findest du auch im Wort **Pro**jekt. Ein **Projekt** ist ein Vorhaben, etwas, das man sich vornimmt. Die Kinder der vierten Klasse planen ein **Projekt**.

1 Richtig oder falsch? Kreuze an!

	R	F
Die Lehrerin bringt Vorschläge für die Projekttage.		X
Die Kinder beteiligen sich an der Planung.	X	
Über alle Angebote wird abgestimmt.	X	
Zuletzt entscheidet die Lehrerin.		X

---

2 Kreise die versteckten Wörter aus dem Text ein und schreibe sie auf die Zeilen!

KSR**GRUPPE**TM — *Gruppe*
MXY**IDEE**KLNP — *Idee*
OR**ZEITUNG**GQ — *Zeitung*
ABZ**STIMME**UNV — *Stimme*
WXT**ANGEBOT**LO — *Angebot*
BMXIN**TERNET**K — *Internet*

3 Ein Buchstabe verändert die Bedeutung eines Wortes. Lies beide Wörter möglichst schnell und steigere dein Tempo! Ergänze die passenden Wörter in den Sätzen!

Gr [u/i] ppe   st [i/a] mmt   Kla [ss/pp] e

B [u/e] rg   S [u/a] che   sa [tt/mm] eln

Umur spricht türkisch. Seine Eltern _____ *stammen* _____ aus der Türkei.

Habibe mag Pferde. Oft _____ *sattelt* _____ sie ein Pferd, um auszureiten.

Luisa ist krank und fehlt in der Schule. Sie hat eine _____ *Grippe* _____ .

4 Finde die richtige Worterklärungen und trage die Ziffern ein!

1	**ab**-stimmen	2	mit etwas einverstanden sein
2	**zu**-stimmen	3	festsetzen, was geschehen soll
3	**be**-stimmen	1	sich auf etwas einigen

1	Das stimmt nicht.	3	Ich gebe meine Stimme dafür ab.
2	Ich stimme mein Instrument.	1	Das ist nicht richtig.
3	Ich stimme für einen Vorschlag.	2	Ich gebe dem Instrument die richtige Tonhöhe.
4	Das stimmt mich fröhlich.	4	Das macht mir gute Laune.

R Lies und rechne! Unterstreiche, was du für die Rechnung brauchst und schreibe deine Rechnung auf!

In die vierte Klasse gehen 24 Kinder. Ein Vorschlag für die Projekttage hat 12 Stimmen bekommen. Die restlichen Stimmen verteilen sich gleichmäßig auf die 3 anderen Angebote. Wie viele Stimmen sind das jeweils?

24 – 12 = 12   12 : 3 = 4 Stimmen

Rittertage \\\\
Bauernhof \\\
Klettern \\\\
Zirkus \\\\\

In der Klasse sind acht Mädchen. Die Hälfte der Mädchen und drei Buben haben sich für das gleiche Angebot entschieden. Wie viele Stimmen sind das?

8 : 2 = 4   4 + 3 = 7 Stimmen

5 Vergleiche mit Seite 34: Welche Aussage passt zu welchem Vorschlag? Trage die Ziffern ein!

- 2 Ich bin leider gegen Tierhaare allergisch.
- 4 Vielleicht gibt es einen Clown, der uns zum Lachen bringt.
- 4 Wir brauchen ohnehin Tricks für die Vorführung zum Schulschluss.
- 1 Man kann das Verlies besichtigen und den Turm besteigen.
- 3 Ich besitze einen Hüftgurt und einen Helm.
- 1 Wir können in der Nähe der Ruine in einem Bauernhof übernachten.
- 2 Einmal auf einem Mähdrescher sitzen, stelle ich mir aufregend vor.
- 3 In luftige Höhen steigen und trotzdem sicher sein, finde ich toll.

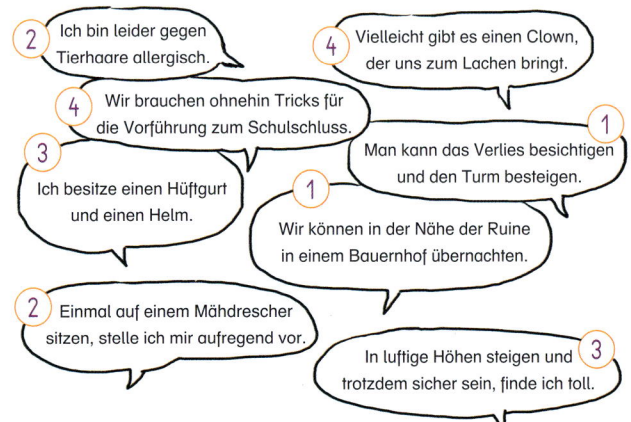

L **Klettergarten – Seilgarten**

Ein Seilgarten ist ein ganz besonderer Klettergarten. Er besteht aus mehreren Masten oder Bäumen, die durch Seilbrücken oder Balken verbunden sind. Sind die Seile so hoch angebracht, dass die Kletterer gesichert werden müssen, so ist das ein Hochseilgarten. Zur Sicherung erhalten die Klettermaxe einen Hüft- und einen Brustgurt und einen Helm. In Niedrigseilgärten werden die Seile in Absprunghöhe angebracht. In Hochseilgärten kann man hoch über dem Boden über Netze klettern. Besonders Mutige können mit Hilfe eines Seils über einen Abgrund springen oder zu einem Ziel schwingen.

Decke den Text nun ab! Was kannst du zu diesen Wörtern erzählen?

(Hochseilgarten) (Sicherung) (Mutige)

E **Der unmögliche Knoten**

 INFOS SEITE 5

Mit diesem Zaubertrick kannst du jemand überraschen. Bitte jemanden, einen Knoten zu machen, ohne die Enden eines vorbereiteten Tuches loszulassen. „Unmöglich!", wird die Antwort lauten.

Du kannst aber beweisen, dass das doch möglich ist: Der Trick besteht darin, dass du zuerst deine Arme verschränkst, das heißt: Du machst einen „Knoten" in deine Arme. Dann nimmst du die beiden Enden des Tuches, ziehst die Arme auseinander und der Knoten ist fertig. Du hast nicht geschwindelt, du hast nur gemacht, was du vorher ausdrücklich gesagt hast!

Verirrtes Meerschweinchen

Versuche, in diesem Gedicht die Teile zu finden, die zusammengehören!
Die Farben helfen dir dabei.

Heimatlose

Ich bin fast
gestorben vor Schreck:
In dem Haus, wo ich zu Gast
war, im Versteck,
bewegte sich,
regte sich
plötzlich hinter einem Brett
in einem Kasten neben dem Klosett
ohne Beinchen,
stumm, fremd und nett
ein Meerschweinchen.
Sah mich lange an,
sah mich bange an,
sann wohl hin und sann her,
wagte sich
dann heran
und fragte mich:
„Wo ist das Meer?"

Joachim Ringelnatz

**Wörter erforschen – über Wörter nachdenken –
Wörter sammeln**

Das Wort **sann** ist die Mitvergangenheit des Zeitwortes
sinnen. Es bedeutet über etwas nachdenken, etwas im
Sinn haben.
Manchmal liest man: „Er sann auf Rache." Damit meint
man, dass jemand sich überlegt und vorhat, sich zu rächen.
Das Wort **bange** ist ein altes Eigenschaftswort und bedeutet ängstlich sein.
Wenn man sagt: „Mir war ganz bang!", meint man, dass man ziemlich Angst hatte.

Joachim Ringelnatz: Heimatlose. In: Sibylle Sailer (Hg.): Sieben kecke Schnirkel-
schnecken. Würzburg: Arena Verlag 2010, S. 14

HSR 5.1
L 3.2, 5.1

Verirrtes Meerschweinchen

1 Was erfährst du im Gedicht über das Meerschweinchen? Kreuze an!

Du erfährst,

	was das Meerschweinchen wissen wollte.
	wie das Meerschweinchen aussieht.
X	wo sich das Meerschweinchen versteckt.

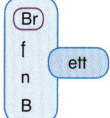

2 Was trifft auf das Gedicht zu? Kreuze an!

X	Das Gedicht hat eine wörtliche Rede.
X	Das Gedicht besteht aus einer einzigen Strophe.
	Bei diesem Gedicht reimen sich immer zwei Zeilen.

3 Lies und steigere dein Lesetempo! Welche Wörter kommen im Text vor?
Kreise die Anfangsbuchstaben ein!

W
(b) — ange
Sp
Schl

R
H
(G) — ast
L

(Br)
f
n — ett
B

4 Lies die Satzpaare möglichst schnell! Steigere dein Tempo!

Es sah mich lange an.	Es sah mich bange an.
Es sah mich traurig an.	Es sah mich schaurig an.
Es sah mich stumm an.	Es sah mich dumm an.
Es sah mich leise an.	Es sah mich weise an.
Es sah mich zart an.	Es sah mich hart an.

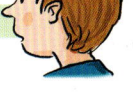

Verirrtes Meerschweinchen

Vervollständige die Fragesätze beim Lesen!

Das Meerschweinchen fragte: „Wo ist das ___Meer___?
Das Seepferdchen fragte: „Wo ist der ___See___?
Der Grashüpfer fragte: „Wo ist das ___Gras___?
Der Feldhase fragte: „Wo ist das ___Feld___?
Die Waldameise fragte: „Wo ist der ___Wald___?
Das Nilpferd fragte: „Wo ist der ___Nil___?
Der Laubfrosch fragte: „Wo ist das ___Laub___?

Lies und rechne! Schreibe die Rechnung auf!

Susi hat vor drei Jahren zwei Meerschweinchen bekommen.
Jedes Jahr hat das Weibchen drei Junge bekommen.
Wie groß wäre die Meerschweinchenfamilie, wenn
Susi alle Tiere behalten hätte dürfen?

$2 + 3 + 3 + 3 = 11$

Susi verbringt täglich eine halbe Stunde mit ihren Meerschweinchen.
Einmal in der Woche mistet sie den Käfig aus. Dafür braucht sie weitere
30 Minuten. Wie viel Zeit verbringt Susi mit ihren Haustieren in einem Monat?
Rechne einen Monat mit 4 Wochen.

30 Min. · 7 = 210 Min. = 3 Std 30 Min. + 30 Min. = 4 Std.

4 Std. pro Woche · 4 = 16 Stunden im Monat

Gedichtvortrag: Wem möchtest du das Gedicht
von Seite 38 vortragen?

Verirrtes Meerschweinchen

L

Joachim Ringelnatz

Joachim Ringelnatz lebte von 1883 bis 1934. Er ist heute
noch wegen seiner Gedichte berühmt. Sein Geburtsname
war eigentlich Hans Bötticher, aber er liebte es, sich
immer wieder andere Namen zu geben. Weil er einige
Jahre lang als Schiffsjunge unterwegs war, gab er sich
später den Namen Ringelnatz – das bedeutet in der
Seemannssprache Seepferdchen und sollte Glück bringen. Das konnte er
brauchen, denn er musste viele Berufe aus-
üben, damit er überleben konnte: Er war Seefahrer, Kaufmann, Hausmeister, Maler, Schauspieler, arbeitete in einem Reisebüro und in
einer Bibliothek. Daneben schrieb er Gedichte
und Geschichten wie zum Beispiel Kuddel
Daddeldu, eine Seemannsgeschichte.
Joachim Ringelnatz
liebte es, anderen
Menschen Streiche zu spielen. Auch seine Kinderbücher sind voll mit lustigen Ideen und Gedichten
– das war damals gar nicht gern gesehen.
Zu vielen seiner Gedichte oder Geschichten hat
Joachim Ringelnatz auch selbst lustige Bilder
gezeichnet.

Decke den Text nun ab! Was kannst du zu diesen Wörtern erzählen?

Namen   Seepferdchen   Berufe

A Du findest das Gedicht hier nacherzählt. Ein Wort stimmt dabei nicht.
Ersetze es und lies die Geschichte richtig vor!

Einst war ich in einem Haus zu Gast. Plötzlich bewegte
sich etwas hinter einem Brett in einem Kasten neben dem
~~Bett~~. Vor Schreck wäre ich fast gestorben. Da sah mich
ein kleines Meerschweinchen bange an und fragte mich:
„Wo ist das Meer?" *Klosett*

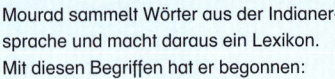

Mourad interessiert sich für das Leben der Ureinwohner Amerikas. Er weiß, dass sie als „Indianer" bezeichnet werden, weil der Seefahrer Christoph Columbus meinte, er sei in Indien gelandet. In Wirklichkeit hatte er 1492 Amerika entdeckt.

Mourad sammelt Wörter aus der Indianersprache und macht daraus ein Lexikon. Mit diesen Begriffen hat er begonnen:

das Tipi = indianisches Zelt	Die Größe der Tipis war von Stamm zu Stamm verschieden. Jedes Tipi aber war ein Kegel aus 10 bis 20 Stangen und mehreren zusammengenähten Büffelhäuten.
die Mokassins = leichte Lederschuhe	Mit diesen Schuhen konnten sich die Indianer auf der Jagd gut fortbewegen. Ihre Schritte waren lautlos.
die Sippe = kleinste Stammeseinheit	Eine Sippe bestand aus drei bis zwölf Familien.
der Häuptling = Anführer einer Sippe	Der Häuptling musste ein Mensch mit starkem Charakter und vielen Fähigkeiten sein.

Mourad freut sich über jedes neue Wort und ist stolz, dass er seine Bedeutung kennt.

 W Wörter erforschen – über Wörter nachdenken – Wörter sammeln

Lexikon: Dieses Wort ist ein Fremdwort. Es stammt aus der griechischen Sprache. Die Mehrzahl heißt: **Lexika**. Ein Lexikon ist ein Wörterbuch oder ein Nachschlagewerk. Ein Nachschlagewerk, das die Karten aller Länder dieser Erde enthält, ist ein **Atlas**.

1 Richtig oder falsch? Kreuze an!

	R	F
Mokassins sind schwere Schuhe aus Büffelleder.		X
Tipis sind immer gleich groß.		X
Tipis bestehen aus Stangen und Büffelhäuten.	X	
Sippe bedeutet „mehrere Familien".	X	
Der Häuptling ist der Anführer einer Sippe.	X	
Ein Häuptling muss schön und stark sein.		X

2 Anfang und Ende sind gleich. Lies die Wortgruppen möglichst schnell! Steigere dein Tempo!

heißen	Sippe	Schuhe	Zelt
heilen	Suppe	Schule	Zeit
heizen	Puppe	Schuld	seit
Weizen	Pappe	Schild	weit
heizen	Puppe	Schuld	seit
heilen	Suppe	Schule	Zeit
heißen	Sippe	Schuhe	Zelt

3 Lesen mit Pfeil und Bogen: Wandere mit deinen Augen im Kreis! Beginne beim grünen Wort! Lies von außen nach innen!

FAMILIE + BÜFFELHAUT + SCHUHE + ZELT + STAMM + STANGE + KEGEL + AMERIKA + INDIANER + HÄUPTLING + SIPPE + TIPI + MOKASSINS

 L Lesen und Vergleichen

Die Geburt eines Indianerkindes

Die Geburt eines Kindes war bei den Indianern **(1)** ein freudiges Ereignis für die ganze Sippe. Meist war es die Großmutter, die das Neugeborene wusch und mit warmem Büffelfett einrieb. Die Nabelschnur des Babys wurde in einem Lederbeutel aufbewahrt. Dieser war mit Perlen **(2)** bestickt und hatte die Form einer Schildkröte oder einer Eidechse. Beide Tiere bedeuten bei den Indianern ein langes Leben. Der Lederbeutel wurde als Glücksbringer an die Wiege des Kindes gebunden.

Indianerkinder

Früher waren Indianerkinder schon bald selbstständig. Sie wurden bereits **(3)** ab etwa vier Jahren auf ihre späteren Rollen als „Jäger" oder „Hausfrau" vorbereitet. Sie halfen mit, begleiteten die Eltern und lernten so alles Wichtige. Ab etwa 14 Jahren waren die Kinder „erwachsen".

Indianernamen

Der Name, den die Eltern für ihr Kind aussuchten, **(4)** hatte immer eine besondere Bedeutung: Er richtete sich zum Beispiel nach einem besonderen Ereignis am Geburtstag, wie „Leuchtende Sonne". Oft wurden auch Tiere, Pflanzen oder körperliche Eigenschaften als Name verwendet, wie „Fliegender Adler". Weil der Name auch Auskunft über jeden **(5)** Indianer gab, wechselten sie ihre Namen: Hatte ein Krieger sehr tapfer gekämpft, dann nannte er sich vielleicht ab diesem Zeitpunkt „Starker Bär". Nur Frauen behielten meistens ihren ersten Namen.

---

4 Lies, suche die passende Textstelle und trage die Ziffer ein!

  2 Für die Indianer sind Schildkröte und Eidechse ganz besondere Tiere.

  3 Indianerbuben wurden schon mit vier Jahren auf die Jagd mitgenommen.

  1 Um die Neugeborenen kümmerte sich meist die Großmutter.

  5 Indianermänner konnten ihre Namen ändern.

  4 Die Namen der Indianer hatten immer eine besondere Bedeutung.

5 Bei den Indianervölkern gibt es besondere Namen. Welche Namen passen nicht? Kreuze an!

Kleiner Bär	Fell des Wolfes
X Segelndes Flugzeug	Herz eines Löwen
Geschickter Jäger	Brausender Sturm
Adlerauge	X Schützender Helm

6 Eine wichtige Eigenschaft bei Indianervölkern war „schweigen können". Welche Fragen kann der Häuptling mit Kopfnicken beantworten? Kreuze an!

- X Wohnst du in einem Tipi?
- ◯ Seit wie vielen Jahren bist du schon Häuptling?
- ◯ Wie groß ist deine Sippe?
- ◯ Wer hat deine Mokassins genäht?
- X Rauchst du manchmal eine Friedenspfeife?
- ◯ Welche Farbe hat dein Lieblingspferd?
- X Gehst du selbst auf die Jagd?

R Lies und rechne!

Beim Lagerfeuer wird die Friedenspfeife im Kreis der <u>12</u> Männer <u>dreimal</u> herumgereicht. Jeder Indianer darf, wenn er an der Reihe ist, <u>dreimal</u> an der Pfeife ziehen. Wie viele Pfeifenzüge wurden insgesamt gemacht?

$12 \cdot 3 = 36$ $36 \cdot 3 = \underline{108}$ Züge

Heute will ich einmal traurig sein

R **Lies, rechne und kreuze an!**

TROSTPREIS

Susi darf jeden Tag einen Buchstaben dieses Wortes anmalen. Sie beginnt damit am Montag. An welchem Wochentag ist sie fertig?

Montag	Dienstag	Mittwoch	Donnerstag	Freitag	Samstag	Sonntag

TRÖSTEN

Egon malt alle 15 Minuten einen Buchstaben dieses Wortes an. Er beginnt gleich nach dem Frühstück um 7.15 Uhr. Wann hat er es geschafft?

08.30	08.45	09.00	09.30	10.00

TROST

Weil Hanna bei einem Ausflug nicht mitfahren kann, laden ihre drei Freundinnen sie zum Trost ins Kino ein. Die Kinokarte kostet 8,50 €. Eine Freundin zahlt um 10 Cent mehr, weil sich der Betrag nicht restlos durch 3 teilen lässt. Wie viel zahlt diese Freundin insgesamt?

2,80 €
2,90 €
3,00 €

L

Gefühle

Die Gefühle sind meistens am Gesichtsausdruck zu erkennen. Wenn ein Mensch traurig ist, erkennt man das meistens schon an seinem Gesicht. Wer sich über etwas freut oder gut gelaunt ist, wird strahlend seinen Weg gehen, denn gute Gefühle sorgen für ein strahlendes Aussehen. Die Gefühle kann man nur schlecht verbergen: Wenn jemand niedergeschlagen ist und trotzdem lächelt, erkennt man das wahre Gefühl meistens an den Augen, die nicht mitlächeln. Wer gut gelaunt ist, kann unmöglich ein ernstes Gesicht machen.

Decke den Text nun ab! Was kannst du zu diesen Wörtern erzählen?

(gute Laune)   (Gesichtsausdruck)   (mit den Augen lächeln)

Geburtstag feiern

Lesen und vergleichen: Wie möchtest du deinen Geburtstag feiern?

1 Geburtstagsspaß für Mutige

Wir bieten dir und deinen Gästen eine große Halle mit genügend Platz für alle möglichen Spielideen.

Spielgeräte wie Hüpfbälle, Pedalos und sogar eine Hüpfburg stehen zur Verfügung. Als Höhepunkt können alle Kinder an unserer Kletterwand erste Kletterversuche machen. Für Profis gibt es besondere Griffe und Schrittfolgen. Alle Kletterer sind durch Klettergurte und Seile gesichert.

▶ Du kannst bis zu 12 Kinder im Alter von 8 bis 12 Jahren mitnehmen.

▶ Der Eintritt beträgt pro Kind € 7,00.

▶ Geburtstagskuchen und gute Laune sind selbst mitzubringen!

2 Ein Fest für Feinschmecker

Pizzabacken mit Freunden und Freundinnen – jedes Kind darf seine Pizza selbst formen und mit seinen Lieblingszutaten belegen! Und beim Essen gibt es doppelten Spaß, denn während ihr eure Pizza genießt, könnt ihr das Video vom Kochen ansehen, das die automatische Kamera aufgenommen hat. Das Geburtstagskind bekommt den Film als Geschenk gratis. Alle übrigen von 6 bis 99 Jahren können ihn um € 15,00 erwerben.

Geburtstag feiern

3 **Party für Wissbegierige im Weltraumstudio**

Begib dich mit deinen Gästen ins Reich der Sterne
und Planeten! In einer Licht- und Tonshow kannst
du fremde Galaxien erforschen und von Planet zu
Planet reisen. Miniroboter darfst du selbst steuern
und die Bahnen der Satelliten auf dem Computer
verfolgen. Im Eintrittspreis (€ 17,00) sind auch noch
Kuchen und Saft enthalten.

W **Wörter erforschen – über Wörter nachdenken –
Wörter sammeln**

Satellit: Ein Satellit umkreist einen Himmelskörper auf
einer fixen Bahn. Der Mond ist ein Satellit. Als ständiger
Begleiter umrundet er unsere Erde.

Es gibt auch künstliche **Satelliten**, die von Menschen

gebaut wurden. Sie umkreisen die Erde und haben verschiedene Aufgaben, wie
zum Beispiel, das Wetter zu beobachten, Funkdaten für Telefone weiterzuleiten
oder Fernsehprogramme zu übertragen.

Das Wort **Galaxie** kommt aus der griechischen Sprache und bedeutet eigentlich
„Milchstraße". Damit meint man ein großes Sternensystem. Unser Sonnensystem
ist nur ein kleiner Teil der Galaxie „Milchstraße".

1 **Beantworte die Fragen zum Text! Kreuze an!**

	ja	nein
Bei jedem Angebot gibt es etwas zu essen.		
Bei einem Angebot bekommt das Geburtstagskind ein Geschenk.		
Jedes Angebot ist auch für Schlechtwetter geeignet.		
Für jedes Fest braucht man eine besondere Kleidung.		
Tina wird 6 Jahre alt. Kann sie jedes Angebot nützen?		
Bei zwei Angeboten wird gefilmt.		

Geburtstag feiern

2 **Springe mit deinen Augen und suche das Wort in allen drei Spalten!**

Pedalos	Hüpfburg	Satellit
Galaxien	Planet	Computer
Satellit	Galaxien	Hüpfburg
Video	Pedalos	Kamera
Kamera	Computer	Video
Planet	Video	Planet
Computer	Satellit	Pedalos
Hüpfburg	Kamera	Galaxien

3 **So viele Planeten! Welche Wörter kannst du aus den Buchstaben bauen? Kreuze an!**

○ Satellit
○ Galaxien
○ Pedalos
○ Video
○ Kamera
○ Hüpfburg
○ Planet
○ Computer

A **Findest du das Wort, das den Sinn stört?**

Ersetze es und lies den Text dann nochmals mit dem neuen Wort!

Udo ließ sich seine Pizza mit Schinken, Käse, Tomaten und Speck gut schmecken. Toni wollte nur Schinken und Tomaten. Murat genoss seine Pizza mit Schinken, Käse und fünf kleinen Oliven. Die wollte Mira auch trinken. Sie hatte aber Eier, Salami und Pfefferoni auf ihrer Pizza. Alle Kinder wurden satt.

Geburtstag feiern

4 Wer war bei welchem Fest? Schreibe die Nummer des Angebotes (Seite 26/27) in die Kästchen!

R Lies und rechne!

Unterstreiche die Hinweise, die du für deine Rechnung brauchst!

Schreibe die Rechnung auf!

Ulf hat zu seinem Geburtstagsfest sieben Kinder ins Weltraumstudio eingeladen.

Für das Geburtstagskind war der Eintritt gratis.

Ein Kind hatte eine Dauerkarte und musste nur € 5,00 bezahlen.

Wie viel kostete der Eintritt für alle?

_____

_____

Barbara hat acht Kinder in die Kletterhalle eingeladen. Jedes Kind bekam zwei Gläser Limonade. Ein Glas kostete € 2,00.- Barbaras Mutter bezahlte mit einem 50-Euro-Schein. Wie viel Wechselgeld bekam sie heraus?

_____

_____

Katzenkönig Mauzenberger

Zwischen Katzen und Mäusen herrschte längst ewiger Friede. Die Katzen lebten in Katzenland und die Mäuse in Mäuseland. Grenzen gab es nur auf dem Papier. Jede Katze und jede Maus konnte in beide Länder ein- und ausreisen, wann und wo es ihr gefiel. Mäuseland war eine Republik. Die Katzen aber hatten einen König.

Erwin Moser/Ausschnitt

Er hieß Knoblauch Mauzenberger I. Die Hauptstadt von Katzenland war Katzenheim. Sie lag an einem Fluss, der Katz. In der Mitte der Stadt erhob sich ein steiler Berg – der Mauzberg. Auf diesem Berg stand eine Burg und in der Burg wohnte der Katzenkönig Mauzenberger. „Unser König Mauz", sagten die Katzen, wenn sie von ihm sprachen, „unser guter König Mauz!"

König Mauzenberger war bei Katzen und Mäusen gleichermaßen beliebt, denn er war es gewesen, der vor Jahren den ewigen Frieden mit dem Mäusevolk zustande gebracht hatte. Seither ging es allen gut. Katzen und Mäuse lebten friedlich nebeneinander und allen kam es vor, als ob das schon immer so gewesen wäre.

Erwin Moser (gekürzt)

L Möchtest du wissen, wie es weitergeht? Frage in der Bücherei nach diesem Buch:

Erwin Moser

W **Wörter erforschen – über Wörter nachdenken – Wörter sammeln**

Republik: Dieses Wort ist ein Fremdwort. Es stammt aus der lateinischen Sprache. In einer Republik werden die Regierenden vom Volk gewählt. Diesen Wortteil findest du auch im Wort **Publik**um. Damit ist das Volk gemeint, das bei einer Aufführung zusieht – also die Zuschauer und Zuschauerinnen. **„publik"** (englisch: **public**) heißt öffentlich.

30

Erwin Moser: Katzenkönig Mauzenberger. Weinheim/Basel: Beltz & Gelberg 1986, S. 7

HSR 5.1
L 3.2

Katzenkönig Mauzenberger

1 **Richtig oder falsch? Kreuze an!**

		R	F
König Mauzenberger	wohnte in einer Burg am Katzenberg.		
	hatte den Frieden zwischen Mäusen und Katzen zustande gebracht.		
	regierte im Katzen- und im Mäuseland.		
Die Stadt Katzenheim	lag an einem Fluss.		
	war die Hauptstadt vom Katzenland.		
	hatte einen Burgberg.		
Das Mäusevolk	lebte in Katzenheim.		
	hatte einen König.		
	lebte in Frieden mit den Katzen.		

2 **Lies die Sätze und steigere dein Tempo!**

Die Katzen lebten in Katzenland.
Katzenland lag neben Mäuseland.
Mäuseland war eine Republik.

Die Hauptstadt war Katzenheim.
Katzenheim lag an einem Fluss.
Der Fluss hieß Katz.

Auf dem Berg stand eine Burg.
In der Burg lebte ein König.
Der König hieß Mauzenberger.

Erwin Moser

3 **Achtung! Wechstabenverbuchslung! Wie schnell schaffst du diese seltsamen Wörter?**

Katzenkönig – Ketzankinög – Kötzenkanig – Kitzönkenag – Katzinköneg
Kitzankenög – Kötzankineg – Kitzenkönag – Katzönkenig – Ketzinkanög

Katzenkönig Mauzenberger

4 **Setze die Reihen fort!**

Mäusekönig – Königsschloss – berg – schuh

Katzenland – Landhaus – tür – schloss

Mäusevolk – Volksfest – zelt – stange

Hauptstadt – Stadtpark – bank – fach

5 **Achtung! Zwei Wörter passen zu beiden Tieren.**
Kreuze an, was passt, und lies so: „Katzenpfote"!

	Katzen	Mäuse
Pfote		
Schwanz		
Fell		
Falle		
Korb		
Klappe		

6 **Überlege, was die Redewendungen bedeuten, und ordne die Nummern zu!**

1	Der Bub macht eine Katzen-wäsche.		Die beiden verstehen einander gar nicht.
2	Wie die Katze um den heißen Brei schleichen.		Das liegt ganz in der Nähe.
3	Das ist nur einen Katzensprung entfernt.		Er wäscht sich nicht gründlich.
4	Es war alles für die Katz'.		Nicht zum Kern einer Sache kommen.
5	Die beiden sind wie Hund und Katze.		Es war alles umsonst.

Katzenkönig Mauzenberger

 INFOS SEITE 5

E **Minireferat: Katzensinne**

Katzen haben einen sehr guten Gleichgewichtssinn. Deshalb können sie auf schmalen Leisten balancieren, ohne hinunter zu stürzen. Wenn sie fallen, landen sie immer auf ihren vier Beinen. Der Schwanz dient dabei als Steuer.

Katzen können sehr gut hören und sehen. Die großen Ohrmuscheln fangen die Schallwellen auf. Die Augen der Katzen sind so gebaut, dass sie auch bei Dämmerung und Dunkelheit noch sehr gut sehen können. Die Schnurrbarthaare dienen als Warnsystem.

So kann sich die Katze im Finstern bewegen, ohne irgendwo anzustoßen. Außerdem spürt sie damit jede kleinste Luftveränderung, die durch einen Gegenstand oder einen Feind ausgelöst wird.

Die Zunge ist für die Katze ein ganz wichtiger Körperteil, nicht nur zum Schmecken: Katzenzungen fühlen sich rau an, weil sie mit winzigen hornigen Stacheln besetzt sind. Damit können Katzen dann auch ihr Fell pflegen, Knochen abreiben und, wenn sie Durst haben, Wasser in den Mund „löffeln".

R **Lies und schreibe die Rechnung auf!**

„Wenn du eine Katze haben möchtest, musst du die alltäglichen Ausgaben von deinem Taschengeld bezahlen", meint Georgs Vater. „Tierarztkosten und die ersten Anschaffungen übernehme ich." Georg rechnet. Für das Fressen muss er täglich ca. 40 Cent ausgeben. Einmal im Monat braucht er für Katzenstreu 6 €. Sein monatliches Taschengeld beträgt 25 €. Wie viel bleibt Georg von seinem Taschengeld übrig? (1 Monat = 30 Tage)

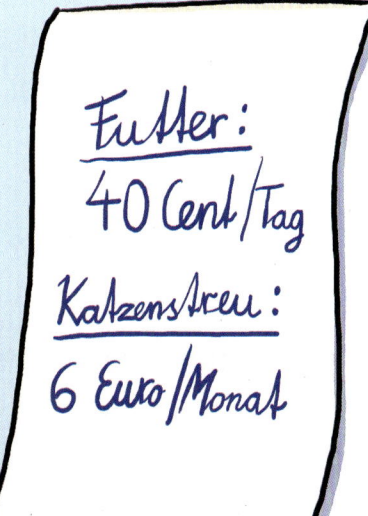

Futter:
40 Cent/Tag
Katzenstreu:
6 Euro/Monat

Projekttage

Die Lehrerin hat für die vierte Klasse Projekttage geplant. Sie will gemeinsam mit den Kindern entscheiden, wo sie diese verbringen wollen. In Gruppen sammeln die Kinder Ideen und suchen dann gemeinsam mit der Lehrerin passende Angebote. Prospekte, Zeitungen und das Internet helfen ihnen dabei. Jede Gruppe stellt ihre Idee vor und die Klasse stimmt ab. Zuletzt stehen vier Angebote an der Tafel, die gleich viele Stimmen bekommen haben:

> 1 „Rittertage" auf der Bergruine Herrenstein
> 2 Mithelfen auf einem Bauernhof
> 3 Klettern in einem Klettergarten
> 4 Zaubern und Jonglieren mit einem Zirkuskünstler

Die vier Vorschläge werden nun nochmals von den Kindern und der Lehrerin diskutiert. Welcher Vorschlag wird wohl angenommen werden?

 **Wörter erforschen – über Wörter nachdenken – Wörter sammeln**

Prospekt: Dieses Wort ist ein Fremdwort. Es stammt aus der lateinischen Sprache. Eigentlich bedeutet es „vorausschauen". Werbeschriften, Faltblätter und kleine Kataloge werden als **Prospekt** bezeichnet. Den Wortteil **Pro** findest du auch im Wort **Pro**jekt. Ein **Projekt** ist ein Vorhaben, etwas, das man sich vornimmt. Die Kinder der vierten Klasse planen ein **Projekt**.

1 **Richtig oder falsch? Kreuze an!**

	R	F
Die Lehrerin bringt Vorschläge für die Projekttage.		
Die Kinder beteiligen sich an der Planung.		
Über alle Angebote wird abgestimmt.		
Zuletzt entscheidet die Lehrerin.		

Projekttage

2 Kreise die versteckten Wörter aus dem Text ein und schreibe sie
auf die Zeilen!

KSRGRUPPETM _____   ABZSTIMMEUNV _____

MXYIDEEKLNP _____   WXTANGEBOTI _____

OPZEITUNGGQ _____   BMXINTERNETK _____

3 Ein Buchstabe verändert die Bedeutung eines Wortes.
Lies beide Wörter möglichst schnell und steigere dein Tempo!
Ergänze die passenden Wörter in den Sätzen!

Gr [u / i] ppe   st [i / a] mmt   Kla [ss / pp] e

B [u / e] rg   S [u / a] che   sa [tt / mm] eln

Umur spricht türkisch. Seine Eltern _____ aus der Türkei.

Habibe mag Pferde. Oft _____ sie ein Pferd, um auszureiten.

Luisa ist krank und fehlt in der Schule. Sie hat eine _____.

4 Finde die richtige Worterklärungen und trage die Ziffern ein!

1	**ab**-stimmen		mit etwas einverstanden sein
2	**zu**-stimmen		festsetzen, was geschehen soll
3	**be**-stimmen		sich auf etwas einigen

1	Das stimmt nicht.		Ich gebe meine Stimme dafür ab.
2	Ich stimme mein Instrument.		Das ist nicht richtig.
3	Ich stimme für einen Vorschlag.		Ich gebe dem Instrument die richtige Tonhöhe.
4	Das stimmt mich fröhlich.		Das macht mir gute Laune.

 # Projekttage

R **Lies und rechne! Unterstreiche, was du für die Rechnung brauchst und schreibe deine Rechnung auf!**

In die vierte Klasse gehen 24 Kinder. Ein Vorschlag für die Projekttage hat 12 Stimmen bekommen. Die restlichen Stimmen verteilen sich gleichmäßig auf die 3 anderen Angebote. Wie viele Stimmen sind das jeweils?

_____

_____

In der Klasse sind acht Mädchen. Die Hälfte der Mädchen und drei Buben haben sich für das gleiche Angebot entschieden. Wie viele Stimmen sind das?

_____

5 **Vergleiche mit Seite 34: Welche Aussage passt zu welchem Vorschlag? Trage die Ziffern ein!**

○ Ich bin leider gegen Tierhaare allergisch.

○ Vielleicht gibt es einen Clown, der uns zum Lachen bringt.

○ Wir brauchen ohnehin Tricks für die Vorführung zum Schulschluss.

○ Man kann das Verlies besichtigen und den Turm besteigen.

○ Ich besitze einen Hüftgurt und einen Helm.

○ Wir können in der Nähe der Ruine in einem Bauernhof übernachten.

○ Einmal auf einem Mähdrescher sitzen, stelle ich mir aufregend vor.

○ In luftige Höhen steigen und trotzdem sicher sein, finde ich toll.

Projekttage

Klettergarten – Seilgarten

Ein Seilgarten ist ein ganz besonderer Klettergarten. Er besteht aus mehreren Masten oder
Bäumen, die durch Seilbrücken oder Balken
verbunden sind. Sind die Seile so hoch angebracht, dass die Kletterer gesichert werden
müssen, so ist das ein Hochseilgarten. Zur
Sicherung erhalten die Klettermaxe einen Hüft-
und einen Brustgurt und einen Helm. In Niedrigseilgärten werden die Seile in Absprunghöhe
angebracht. In Hochseilgärten kann man hoch
über dem Boden über Netze klettern. Besonders
Mutige können mit Hilfe eines Seils über einen
Abgrund springen oder zu einem Ziel schwingen.

Decke den Text nun ab! Was kannst du zu diesen Wörtern erzählen?

Hochseilgarten	Sicherung	Mutige

Der unmögliche Knoten

INFOS — SEITE 5

Mit diesem Zaubertrick kannst du jemand überraschen. Bitte jemanden, einen
Knoten zu machen, ohne die Enden eines vorbereiteten Tuches loszulassen.
„Unmöglich!", wird die Antwort lauten.

Du kannst aber beweisen, dass das doch
möglich ist: Der Trick besteht darin, dass du
zuerst deine Arme verschränkst, das heißt:
Du machst einen „Knoten" in deine Arme.
Dann nimmst du die beiden Enden des
Tuches, ziehst die Arme auseinander und
der Knoten ist fertig.
Du hast nicht geschwindelt, du hast nur gemacht, was du vorher ausdrücklich gesagt
hast!

Verirrtes Meerschweinchen

Versuche, in diesem Gedicht die Teile zu finden, die zusammengehören! Die Farben helfen dir dabei.

Heimatlose

Ich bin fast
gestorben vor Schreck:
In dem Haus, wo ich zu Gast
war, im Versteck,
bewegte sich,
regte sich
plötzlich hinter einem Brett
in einem Kasten neben dem Klosett
ohne Beinchen,
stumm, fremd und nett
ein Meerschweinchen.
Sah mich lange an,
sah mich bange an,
sann wohl hin und sann her,
wagte sich
dann heran
und fragte mich:
„Wo ist das Meer?"

Joachim Ringelnatz

 **Wörter erforschen – über Wörter nachdenken – Wörter sammeln**

Das Wort **sann** ist die Mitvergangenheit des Zeitwortes **sinnen**. Es bedeutet über etwas nachdenken, etwas im Sinn haben.

Manchmal liest man: „Er sann auf Rache." Damit meint man, dass jemand sich überlegt und vorhat, sich zu rächen.

Das Wort **bange** ist ein altes Eigenschaftswort und bedeutet ängstlich sein.

Wenn man sagt: „Mir war ganz bang!", meint man, dass man ziemlich Angst hatte.

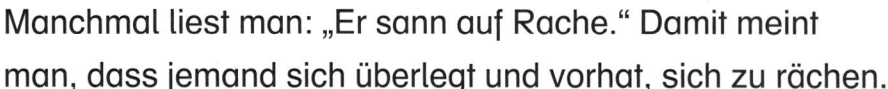

Joachim Ringelnatz: Heimatlose. In: Sibylle Sailer (Hg.): Sieben kecke Schnirkelschnecken. Würzburg: Arena Verlag 2010, S. 14

HSR 5.1

L 3.2, 5.1

Verirrtes Meerschweinchen

1 **Was erfährst du im Gedicht über das Meerschweinchen? Kreuze an!**

Du erfährst,

	was das Meerschweinchen wissen wollte.
	wie das Meerschweinchen aussieht.
	wo sich das Meerschweinchen versteckt.

2 **Was trifft auf das Gedicht zu? Kreuze an!**

	Das Gedicht hat eine wörtliche Rede.
	Das Gedicht besteht aus einer einzigen Strophe.
	Bei diesem Gedicht reimen sich immer zwei Zeilen.

3 **Lies und steigere dein Lesetempo! Welche Wörter kommen im Text vor?**
Kreise die Anfangsbuchstaben ein!

W
b   ange
Sp
Schl

R
H   ast
G
L

Br
f   ett
n
B

4 **Lies die Satzpaare möglichst schnell! Steigere dein Tempo!**

Es sah mich lange an.	Es sah mich bange an.
Es sah mich traurig an.	Es sah mich schaurig an.
Es sah mich stumm an.	Es sah mich dumm an.
Es sah mich leise an.	Es sah mich weise an.
Es sah mich zart an.	Es sah mich hart an.

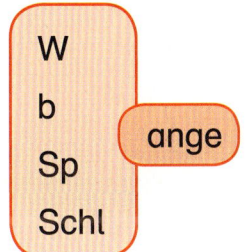

Verirrtes Meerschweinchen

5 **Vervollständige die Fragesätze beim Lesen!**

Das Meerschweinchen fragte: „Wo ist das _____?

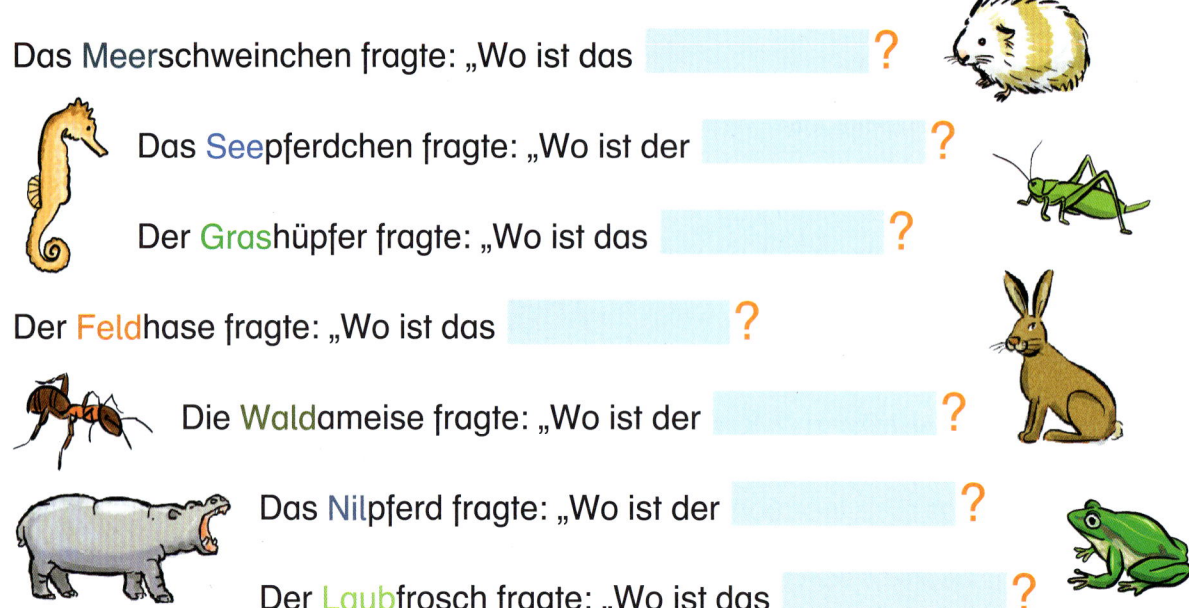

Das Seepferdchen fragte: „Wo ist der _____?

Der Grashüpfer fragte: „Wo ist das _____?

Der Feldhase fragte: „Wo ist das _____?

Die Waldameise fragte: „Wo ist der _____?

Das Nilpferd fragte: „Wo ist der _____?

Der Laubfrosch fragte: „Wo ist das _____?

R **Lies und rechne! Schreibe die Rechnung auf!**

Susi hat vor drei Jahren zwei Meerschweinchen bekommen.
Jedes Jahr hat das Weibchen drei Junge bekommen.
Wie groß wäre die Meerschweinchenfamilie, wenn
Susi alle Tiere behalten hätte dürfen?

_____

Susi verbringt täglich eine halbe Stunde mit ihren Meerschweinchen.
Einmal in der Woche mistet sie den Käfig aus. Dafür braucht sie weitere
30 Minuten. Wie viel Zeit verbringt Susi mit ihren Haustieren in einem Monat?
Rechne einen Monat mit 4 Wochen.

_____

_____

E **Gedichtvortrag:** Wem möchtest du das Gedicht
von Seite 38 vortragen?

L 3.1, 3.4

Verirrtes Meerschweinchen

Joachim Ringelnatz

Joachim Ringelnatz lebte von 1883 bis 1934. Er ist heute noch wegen seiner Gedichte berühmt. Sein Geburtsname war eigentlich Hans Bötticher, aber er liebte es, sich immer wieder andere Namen zu geben. Weil er einige Jahre lang als Schiffsjunge unterwegs war, gab er sich später den Namen Ringelnatz – das bedeutet in der Seemannssprache Seepferdchen und sollte Glück bringen. Das konnte er

brauchen, denn er musste viele Berufe ausüben, damit er überleben konnte: Er war Seefahrer, Kaufmann, Hausmeister, Maler, Schauspieler, arbeitete in einem Reisebüro und in einer Bibliothek. Daneben schrieb er Gedichte und Geschichten wie zum Beispiel Kuddel Daddeldu, eine Seemannsgeschichte.

Joachim Ringelnatz liebte es, anderen

Menschen Streiche zu spielen. Auch seine Kinderbücher sind voll mit lustigen Ideen und Gedichten – das war damals gar nicht gern gesehen.

Zu vielen seiner Gedichte oder Geschichten hat Joachim Ringelnatz auch selbst lustige Bilder gezeichnet.

Decke den Text nun ab! Was kannst du zu diesen Wörtern erzählen?

Namen   Seepferdchen   Berufe

 Du findest das Gedicht hier nacherzählt. Ein Wort stimmt dabei nicht. Ersetze es und lies die Geschichte richtig vor!

Einst war ich in einem Haus zu Gast. Plötzlich bewegte sich etwas hinter einem Brett in einem Kasten neben dem Bett. Vor Schreck wäre ich fast gestorben. Da sah mich ein kleines Meerschweinchen bange an und fragte mich: „Wo ist das Meer?"

Indianerlexikon

Mourad interessiert sich für das Leben der Ureinwohner Amerikas. Er weiß, dass sie als „Indianer" bezeichnet werden, weil der Seefahrer Christoph Columbus meinte, er sei in Indien gelandet. In Wirklichkeit hatte er 1492 Amerika entdeckt.

Mourad sammelt Wörter aus der Indianer-sprache und macht daraus ein Lexikon. Mit diesen Begriffen hat er begonnen:

das Tipi = indianisches Zelt	Die Größe der Tipis war von Stamm zu Stamm verschieden. Jedes Tipi aber war ein Kegel aus 10 bis 20 Stangen und mehreren zusammengenähten Büffelhäuten.
die Mokassins = leichte Leder-schuhe	Mit diesen Schuhen konnten sich die Indianer auf der Jagd gut fortbewegen. Ihre Schritte waren lautlos.
die Sippe = kleinste Stammeseinheit	Eine Sippe bestand aus drei bis zwölf Familien.
der Häuptling = Anführer einer Sippe	Der Häuptling musste ein Mensch mit starkem Charakter und vielen Fähigkeiten sein.

Mourad freut sich über jedes neue Wort und ist stolz, dass er seine Bedeutung kennt.

 **Wörter erforschen – über Wörter nachdenken – Wörter sammeln**

Lexikon: Dieses Wort ist ein Fremdwort. Es stammt aus der griechischen Sprache. Die Mehrzahl heißt: **Lexika**. Ein Lexikon ist ein Wörterbuch oder ein Nachschlagewerk. Ein Nachschlagewerk, das die Karten aller Länder dieser Erde enthält, ist ein **Atlas**.

Indianerlexikon

1 **Richtig oder falsch? Kreuze an!**

	R	F
Mokassins sind schwere Schuhe aus Büffelleder.		
Tipis sind immer gleich groß.		
Tipis bestehen aus Stangen und Büffelhäuten.		
Sippe bedeutet „mehrere Familien".		
Der Häuptling ist der Anführer einer Sippe.		
Ein Häuptling muss schön und stark sein.		

2 **Anfang und Ende sind gleich. Lies die Wortgruppen möglichst schnell! Steigere dein Tempo!**

heißen
heilen
heizen
Weizen
heizen
heilen
heißen

Sippe
Suppe
Puppe
Pappe
Puppe
Suppe
Sippe

Schuhe
Schule
Schuld
Schild
Schuld
Schule
Schuhe

Zelt
Zeit
seit
weit
seit
Zeit
Zelt

3 **Lesen mit Pfeil und Bogen: Wandere mit deinen Augen im Kreis! Beginne beim grünen Wort! Lies von außen nach innen!**

Indianerlexikon

Lesen und Vergleichen

Die Geburt eines Indianerkindes

Die Geburt eines Kindes war bei den Indianern

1 ein freudiges Ereignis für die ganze Sippe. Meist war es die Großmutter, die das Neugeborene wusch und mit warmem Büffelfett einrieb. Die Nabelschnur des Babys wurde in einem Lederbeutel aufbewahrt. Dieser war mit Perlen

2 bestickt und hatte die Form einer Schildkröte oder einer Eidechse. Beide Tiere bedeuten bei den Indianern ein langes Leben. Der Leder- beutel wurde als Glücksbringer an die Wiege des Kindes gebunden.

Indianerkinder

Früher waren Indianerkinder schon bald selbstständig. Sie wurden bereits

3 ab etwa vier Jahren auf ihre späteren Rollen als „Jäger" oder „Hausfrau" vorbereitet. Sie halfen mit, begleiteten die Eltern und lernten so alles Wichtige. Ab etwa 14 Jahren waren die Kinder „erwachsen".

Indianernamen

Der Name, den die Eltern für ihr Kind aussuchten,

4 hatte immer eine besondere Bedeutung: Er richtete sich zum Beispiel nach einem besonderen Ereignis am Geburtstag, wie „Leuchtende Sonne". Oft wurden auch Tiere, Pflanzen oder körperliche Eigenschaften als Name verwendet, wie „Fliegender Adler". Weil der Name auch Auskunft über jeden

5 Indianer gab, wechselten sie ihre Namen: Hatte ein Krieger sehr tapfer gekämpft, dann nannte er sich vielleicht ab diesem Zeitpunkt „Starker Bär". Nur Frauen behielten meistens ihren ersten Namen.

Indianerlexikon

4 Lies, suche die passende Textstelle und trage die Ziffer ein!

_____ Für die Indianer sind Schildkröte und Eidechse ganz besondere Tiere.

_____ Indianerbuben wurden schon mit vier Jahren auf die Jagd mitgenommen.

_____ Um die Neugeborenen kümmerte sich meist die Großmutter.

_____ Indianermänner konnten ihre Namen ändern.

_____ Die Namen der Indianer hatten immer eine besondere Bedeutung.

5 Bei den Indianervölkern gibt es besondere Namen.
Welche Namen passen nicht? Kreuze an!

	Kleiner Bär		Fell des Wolfes
	Segelndes Flugzeug		Herz eines Löwen
	Geschickter Jäger		Brausender Sturm
	Adlerauge		Schützender Helm

6 Eine wichtige Eigenschaft bei Indianervölkern war „schweigen können".
Welche Fragen kann der Häuptling mit Kopfnicken beantworten? Kreuze an!

○ Wohnst du in einem Tipi?

○ Seit wie vielen Jahren bist du schon Häuptling?

○ Wie groß ist deine Sippe?

○ Wer hat deine Mokassins genäht?

○ Rauchst du manchmal eine Friedenspfeife?

○ Welche Farbe hat dein Lieblingspferd?

○ Gehst du selbst auf die Jagd?

R Lies und rechne!

Beim Lagerfeuer wird die Friedenspfeife im Kreis der 12 Männer dreimal herumgereicht. Jeder Indianer darf, wenn er an der Reihe ist, dreimal an der Pfeife ziehen. Wie viele Pfeifenzüge wurden insgesamt gemacht?

_____

Wortschatzkiste

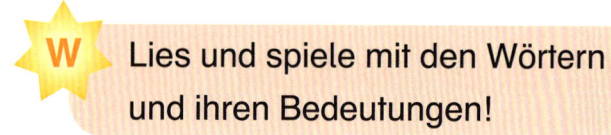

A

der Atlas, Atlanten (oder: Atlasse)

In einem Atlas musst du gut Symbole lesen können. Weißt du, was sie bedeuten? Verbinde!

Bodenschätze

Nadelwald

Hauptstadt

Eisenbahnlinie

B

bange

Schau dir die Bildwörter an! Spürst du das Wort?

bange bange bange bange bange

---

beschließen beschlossen

Ergänze beim Lesen ein Wort aus der linken Spalte! Verwende beide Zeitformen!

Doris und Peter _____, an einer Reitwoche teilzunehmen.

Jan und Pia _____, nur mehr einmal pro Woche fernzusehen.

E

das Einrad, Einräder

Einrad ist eine Zusammensetzung aus „ein" und „Rad". Bilde auch mit diesen Namenwörtern Zusammensetzungen mit „ein"! Kennst du die neuen Wörter?

Bahn, Horn, Siedler, Siedlerkrebs, Sendeschluss, Lage, Käufer, Ladung, Lagerung, Tritt, Fluss, Spruch, Zug, Sturz, Satz, Gang, Druck, Brecher, Fall, Verständnis

Wortschatzkiste

G

die Galaxie
Galaxien

Ergänze beim Lesen das Wort in Ein- oder Mehrzahl!

In manchen Museen kann man in ferne _____ reisen.

Die Milchstraße ist eine _____.

Im Weltall gibt es unvorstellbar viele _____.

genießen
genossen

Ergänze beim Lesen ein Wort aus der linken Spalte!
Verwende beide Zeitformen!

Leo und Lisa _____ ihre erste selbst gemachte
Marmelade.

Doris und Franz _____ die Ferientage.

L

das Lexikon,
Lexika

Wo schlägst du nach? Verbinde!

Ahorn   O   O   Kunstlexikon

Pablo Picasso   O   O   Sportlexikon

Chamäleon   O   O   Baumlexikon

Fußball   O   O   Tierlexikon

P

das Projekt,
Projekte

Ergänze beim Lesen das Wort „Projekt"!
Kennst du diese „Projekt-Wörter"? Erkläre sie!

-woche, -tage, -planung, Theater-, -leitung, -beginn, Bau-

der Prospekt,
Prospekte

Wo informierst du dich vor dem Einkauf? Verbinde!

Sitzsack   O   O   Sportartikelprospekt

Wanderschuhe   O   O   Reiseprospekt

Urlaub am Meer   O   O   Gartenprospekt

Balkonblumen   O   O   Möbelprospekt

das Publikum

Überlege und streiche, wo es kein Publikum gibt:

Theater, Bauernhof, Fußballspiel, Konzerthaus, Grillfest,
Kino, Reitturnier

Wortschatzkiste

R

Reihenhaus

Hochhaus

Bauernhaus

Baumhaus

Schutzhaus

Ergänze beim Lesen das „passende" Haus!

Elke und ihr Bruder erreichen nach langer Wanderung das
_____ am Berggipfel.

Konrads Familie wohnt mit vielen Tieren auf dem Land in
einem _____ .

Karin wohnt im achten Stock in einem _____ .

Jedes _____ in der Siedlung sieht ähnlich aus,
hat aber eine andere Farbe.

Thomas sitzt in den Ferien gern in seinem

_____ .

die Republik

**Ergänze beim Lesen das Wort und sprich die Sätze aus-
wendig nach!**

In einer _____ wird die Regierung vom Volk
gewählt.

Österreich ist eine _____ .

S

**der Satellit,
Satelliten**

Wettersatellit

Ergänze beim Lesen die passenden Wörter!

Der _____ wird in die Umlaufbahn der Erde
geschossen. _____ umkreisen die Erde.

Der _____ zeigt das Wetter über Europa.

**sinnen –
sann –
gesonnen**

**Verwende auch andere Ausdrücke! Ergänze das Wort,
das dir am besten gefällt:**

nachdenken, grübeln, planen, überlegen

Mehmet _____ , was er zum Fest anziehen sollte.

Bernd _____ lange, womit er seinen Freund
überraschen könnte.